KB014655

도시브랜드 커뮤니케이션

이희복 지음

한울
아카데미

차례

서문

도시와 브랜드

"신은 자연을 만들었고,
인간은 도시를 만들었다."

윌리엄 쿠퍼(William Cowper)

도시는 인간과 시간을 하나로 이어주는 공간으로 현대인의 삶 대부분을 차지한다. 도시가 제공하는 편리함과 익명성, 역동성 때문에 시민들은 안정감을 느끼며 도시에서 살기를 희망한다. 도시에 대한 관심이 커지면서 도시를 다루는 담론 역시 다양해지고 있다(이희복·최지윤, 2021). 도시에 대해 "인류의 번영을 이끈 최고의 발명품"(Glaeser, 2011)이라는 찬사가 있는가 하면 "신은 인간을 만들었고, 인간은 도시를 만들었다"(윌리엄 쿠퍼)라는 말처럼 창조와 진화 속 인간과 도시의 관계를 설명하는 시인도 있었다. 이처럼 인류의 삶과 문명의 발전 과정에서 도시는 큰 역할을 해왔다.

　도시의 역사는 기원전 4000년 중반으로 거슬러 올라간다. 신석기 혁명으로 필요한 양보다 많은 식량을 얻게 된 인류는 정착 후 농경 생활을 시작했고, 살기 좋은 곳을 찾아 모여들면서 자연스럽게 도시가 형성되었다. 흥미로운 사실은 이때 생겨난 도시 중 일부는 지금까지도 형태를 유지하며 발전을 거듭해 오고 있다는 점이다.

그림 0-1 우리나라 도시브랜드와 슬로건

본격적인 도시의 발생은 기원전 1900년경으로 수메르 문명의 중심지인 우르Ur에서 시작되었다. 이때부터 도시는 정치적·경제적·사회적·문화적 영향력을 키워왔다. 이러한 도시의 힘은 다양한 문제에도 불구하고 전 세계 인구의 60%를 도시에 거주하도록 만들었다.

"당신은 어디에 사십니까?" 누군가 이렇게 묻는다면 여러분은 무엇이라고 답하겠는가? 사람에 따라서는 주거하는 아파트의 이

그림 0-2 **우리나라 광역자치단체 브랜드와 슬로건**

름이나 행정구역 명인 동, 또는 지역을 답할 수도 있다. 그러나 응

답자 대부분은 자기가 사는 도시의 이름을 말할 것이다. 다만 '도

시'에 대한 마음속 생각은 서로 다르다. 어떤 이는 광역자치단체

이름을, 다른 이는 중소도시 이름을, 아니면 사는 구의 이름을 댈

수도 있다. 이처럼 도시를 생각하는 정의가 서로 다를 수 있다.

왜냐하면 우리나라에는 226개 기초자치단체와 17개 광역자치

단체가 있고, 이 중에 광역시 8개(특별시 1, 광역시 6, 특별자치시 1),

기초 도시 75개가 있기 때문이다. 이렇게 시市라고 말할 수 있는

곳은 대략 83개에 달한다. 물론 일반인이 이런 구분을 명확히 알

그림 0-3 **도시와 3간, 도시와 천지인**

$$都市 = 空間 + 時間 + 人間$$

$$都市 = 天地人(天時, 地利, 人和)$$

필요는 없지만, 일정한 지역을 시로 지칭하기도 해 서로 정의하는 바가 다르다.

　도시를 풀어서 설명하면 〈그림 0-3〉과 같다. 도시는 먼저 땅을 중심으로 한 일정한 면적의 공간이 필요하다. 그리고 현재라는 시간이 그 공간 위에 놓인다. 역사적으로 과거와 현재, 미래는 도시에 중요한 시간적인 맥락을 준다. 또한 공간과 시간에 인간이 등장할 때 도시는 완성된다. 다시 말하면 도시는 공간, 시간, 인간 세 개 사이間가 모여서 만들어진다. 이를 동양의 '천지인天地人' 사상과 연결해 볼 수 있다. 하늘의 때天時와 땅의 이로움地利, 사람들의 조화로움人和이 함께할 때 도시는 완성된다.

　산업화가 진행된 지 60여 년간 우리나라 국토 공간 전반에 나타난 가장 큰 변화는 도시화의 진전이었다. 도시화 지표로 도시

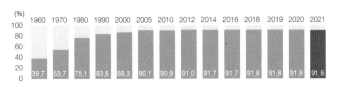

그림 0-4 **도시지역 인구 비율 추이**

자료: 국토교통부 한국국토정보공사, 2021년 도시계획현황 통계(2022).

그림 0-5 **도시화율**

도시화율 = 도시 거주인구 / 전 인구 × 100

화율이 있다. 도시화율은 전체 인구 중 도시 지역 거주 인구의 비중을 백분율로 나타낸 것이다. 우리나라 국민 중 행정구역상 동과 읍에 거주하는 인구는 91.8%로 90% 이상이다(〈그림 0-4〉 참조). 1980년대까지 급증하다가 2000년대 이후 완만해지면서 도시화가 안정화 단계로 접어든 것을 알 수 있다.

이를 좀 더 구체적으로 살펴보면 우리나라 사람 10명 중 아홉 명은 전 국토의 16.7%를 차지하는 도시에 사는 것으로 나타났다. 국토교통부(2022)의 '2021년 도시계획현황 통계'에 따르면 우리나라 총인구 5164만 명 중 4740만 명(91.80%)이 도시에 살고 있다. 이러한 추이는 2005년 이래로 16년간 지속된 것으로 1960년 대 39.7%에서 시작된 도시화가 2005년 90.5%를 넘기면서 거의 완성 단계에 이른 것을 알 수 있다. 또한 지역별 도시지역 인구는 경기 1356만 5450명, 서울 950만 9458명, 부산 335만 350명, 경남 331만 4183명, 인천 294만 8375명, 대구 238만 5412명, 경북 262만 6609명 순서로 많았다(국토교통부, 2022). 이처럼 우리나라 국민의 약 92%가 시민으로 산다. 국민이기 이전에 한 명의 시민으로서, 자주적이고 공공의 의제에 관심을 기울이는 공중으로서 도시에 살면서 교육을 받고 사회에 참여한다. 이제 도시는 이들에게 브랜드로 다가오고 있다.

도시에 사람이 모여 산 것은 언제부터일까? 앞에서 언급한 우르 이래, 1000년 전 동양을 대표하는 최대 도시로 중국의 시안이었고, 서양에는 콘스탄티노플(지금의 이스탄불)이라는 대표적인 대형 도시가 있었다. 유럽에서 인구 10만 명 이상인 도시는 콘스탄티노플이 유일했다. 400년 전까지 서구에서는 100만 명 이상의 인구 규모의 메트로폴리스는 없었다고 한다.

18세기 산업혁명으로 새로운 유형의 도시들이 본격적으로 생겨났다. 도시 인구가 폭발적으로 증가하면서 주거, 치안, 위생,

표 0-1 **2021년 우리나라 도시 인구 현황(시도별)**

시도	전체 인구(명)	도시지역 인구(명)	비도시지역 인구(명)	도시지역 인구 비율(%)
전국	51,638,809	47,402,647	4,236,162	91.80
서울	9,509,458	9,509,458	0	100.00
부산	3,350,380	3,350,380	0	100.00
대구	2,385,412	2,380,498	4,914	99.79
인천	2,948,375	2,881,117	67,258	97.72
광주	1,441,611	1,441,611	0	100.00
대전	1,452,251	1,452,251	0	100.00
울산	1,121,592	1,119,594	1,998	99.82
세종	371,895	338,424	33,471	91.00
경기	13,565,450	12,489,790	1,075,660	92.07
강원	1,538,492	1,276,023	262,469	82.94
충북	1,597,427	1,270,768	326,659	79.55
충남	2,119,257	1,573,861	545,396	74.26
전북	1,786,855	1,459,758	327,097	81.69
전남	1,832,803	1,325,445	507,358	72.32
경북	2,626,609	2,053,158	573,451	78.17
경남	3,314,183	2,867,756	446,427	86.53
제주	676,759	612,755	64,004	90.54

자료: 국토교통부(2022).

환경오염, 전염병 등의 문제가 발생했고 이를 해결하기 위해 도시 설계와 계획 이론이 등장했다. 도시는 마치 살아 있는 유기체처럼 패러다임을 바꿔가며 끊임없이 확장하고 진화해 왔다. 이러한 과정을 거쳐 2020년 도시와 인류는 코로나19라는 유례없는 팬데믹 상황을 맞이했다. 이전에 도시가 누리던 일상은 사라지고 도시가 봉쇄rock down되어 정치·경제·산업 등 모든 것이 멈춘 듯했다. 하지만 전문가들은 오히려 그 반대의 예측을 내놓았다. 『도시의 미래』를 저술한 독일 최고의 건축가이자 도시 개발자인 프리드리히 폰 보리스Friedrich von Borries와 벤저민 카스텐Benjamin Kasten(2020)은 미래 도시를 향한 변화의 흐름이 더 빨라질 것으로 전망했다. 팬데믹 시기는 우리 삶의 일부인 도시 공간의 역할이 얼마나 중요한지 절실히 깨닫는 기회가 되었다. 이 과정에서도 도시가 처한 상황과 해결해야 할 과제를 살펴보는 노력이 계속되었다.

김민섭(2020)은 한 칼럼에서 "우리 모두는 시민이다. 이 공동체를 유지하기 위해서 우리는 서로를 감각하며 살아가야만 한다. 눈치를 보고, 미안해하고, 고마워해야 한다. 그러지 않는 이들은 시민이 아니라 식민의 시대를 살아간 과거의 신민이다. '시민'에

숨

나는 시민이다

김민섭
사회문화평론가

실 엄청나게 힘든 일이다. 조금만 뛰어도 숨이
가빠온다. 이전의 속도로 뛰다가 너무 힘들어
서 멈췄고, 조금 더 천천히 뛰기로 했다. 페이
스북에 해시태그와 함께 "마스크를 하고 뛰니
까 너무 힘들어요"라는 글을 올렸다. 어디선
가 함께 뛴 분들이 "저도요, 저도 그랬습니

는 받침이 없지만 '식민'과 '신민'에는 각각의 받침이 있다. 그 받침
의 이름은 제국이었고, 독재였고, 폭력이었다"라며 도시에 사는
시민 공동체가 지켜야 할 예의에 대해 말하고 있다. 이를 통해 소
통하는 브랜드로서 도시와 시민의 역할을 살펴볼 수 있다.

마르티나 카발리에리Cavalieri's principle(2021)는 「도시브랜딩:
도시가 판매되는 제품이 될 때」라는 글에서 도시브랜드와 포지
셔닝에 대해 다음과 같이 주장하고 있다. 도시브랜딩 전략은 지
역 이미지 및 영토경제 강화 측면에서 긍정적인 결과를 나타내
며, 이와 함께 사람들의 지속적인 증가와 투자를 유치할 수 있는
좋은 기회가 된다. 오늘날 도시는 문화 및 관광 지역 브랜딩의 두
가지 개념에서 시작해 도시브랜딩에 중점을 둔다. 전자를 시작

으로 문화브랜딩은 문화 분야에서 사용되는 모든 브랜드로 정의할 수 있다. 반면에 우리는 '문화'라는 용어와 그것이 의미하는 바를 정의해야 한다. 최근 들어 '문화'라는 용어는, 특히 문화재와 그 법적 규정에 대한 의미의 확장으로 본다. 문화라는 단어의 의미는 예술, 문학, 민족학, 인류학과 관련된 전통적인 의미에서 유산의 의미로 바뀌었다. 문화브랜드는 일반적으로 창의성의 표현, 아름다움, 유산이 전달하는 메시지와 같은 긍정적인 가치와 관련이 있다.

이러한 모든 긍정적인 내용을 감안할 때 문화브랜드의 부가가치가 얼마나 높으며 상업 제품, 또는 서비스와 의미 있고 긍정적인 연관성을 창출할 수 있는지는 분명하다. 이렇듯 의미론적·감성적 자산이라는 점을 고려하면 문화브랜드와 관련된 부가가치는 더욱 중요해진다. 가치·표상·경험 측면에서 문화브랜드는 기호학적 기능을 한다. 문화적 포지셔닝에 중점을 둔 매우 잘 조정된 캠페인만이 올바른 콘텐츠를 만드는 동시에 목표공중을 명확히 할 수 있다.

관광과 지역 브랜딩에 대해서도 새로운 접근 방식이 필요하다. 구매자 또는 소비자의 관점에서 기업 관련 브랜드는 '기업가적 가치, 인지적 연상, 기대 및 감정에 관한 특정 식별 표시 주위의 집합체'로 이해된다. 인지적 연상, 기대 및 감정은 경험과 관련되며 목적지를 식별하는 인식 가능한 기호와 관련된다. 이런 식으로 목적지에는 항상 브랜드가 등장한다.

관광 및 지역 브랜딩에는 식별·평가·수탁자의 세 가지 기능이 있다. 식별 기능은 관광객이 특정 영역을 인식할 수 있도록 하는 기호로 다른 영역과 구별되며 눈에 잘 띈다. 구매 과정에서 이 기능은 가능한 모든 대안과 특정 관광객의 요구를 충족시킨다. 평가 기능은 기호에 부여된 의미에 따라 수행되며, 이를 통해 관광객은 특정 영역의 제안을 식별하고, 그러한 제안과 경쟁자의 제안 사이의 차이점을 안다. 구매 과정에서 특정 관광 수요를 충족시키기 위해 가능한 모든 대안을 평가한다. 마지막으로 수탁자 기능은 관광객이 장소에 대해 신뢰성 평가를 할 수 있게 한다. 구매 과정에서 인지된 위험 수준에 대한 인식과 구매 및 사용 사이의 시간 경과 과정의 인지부조화를 감소시킨다(Severino, 2011). 도시의 경우에도 식별·평가·수탁자 기능을 잘 이해하여 브랜딩에 활용할 필요가 있다. 도시브랜드의 유형화를 통해 전략적인 브랜딩이 가능하다.

브랜드 유형의 첫 번째 단계는 지역브랜드를 개발하는 프로세스의 계획 수준과 공식화에 따라 수행된다. 예를 들어, 새로운 브랜드는 이해관계자의 마음에 인식을 남기는 자발적인 과정이다. 그러한 인식은 영토의 역사와 계획되지 않은 의사소통 과정의 결과다. 반면에 의도적 브랜드는 이해관계자에게 명확한 인식을 생성하는 의식적이고 형식적인 프로세스의 결과다(Keller, 2005).

이 과정에서 지각은 하나 이상의 선택된 인지 상징과 연관된다. 이러한 유형의 브랜드가 적용되는 영역의 가치 제안은 브랜드 개념의 종합이다. 브랜드네임(네이밍), 심벌(상징화), 차별화된 디자인(그림), 징글(애니메이션), 슬로건(설명), 폰트(글씨, 레터링) 등의 특징이 있다. 도시는 여러 유형의 브랜드로 존재한다. 지역과 관련된 하나 이상의 매력 요소에 자금을 지원하는 브랜드(예: 로마의 콜로세움), 특정 위치에서 발생할 매우 인기 있는 이벤트와 관련한 브랜드[예: Parma, 2020년 유럽 문화 수도European Capital of Culture], 그리고 마지막으로 중요한 것은 이벤트 또는 관광객이 그곳에서 경험할 수 있는 것을 기반으로 한 브랜드다. 이 경우 브랜드는 주로 대상 집단에서 장소에 대한 인식을 형성하는 무형의 아이템을 말한다. 브랜드에 대한 광범위한 접근 방식, 회사, 제품 및 서비

그림 0-7 **포르투갈 포르투의 도시 아이덴티티**

그림 0-7 **포르투갈 포르투의 도시 아이덴티티**

자료: Studio Eduardo Aires 제작.

스의 정체성을 형성한다. 유기적인 특성은 기업에만 있는 것이 아니다. 시민, 사람 또는 관광객을 정의하거나 인식하기 쉬운 정체성으로 역동성과 활력을 찾을 수 있다.

　경제적 마케팅에 가까운 의미로 도시는 지역 사람들이 자신의 영역 내에서 가치를 창출하기 위해 노력하는 일련의 생산적인 활동이다. 더 큰 맥락에서 이러한 활동은 그러한 시장에서의 경쟁에 대해 정의해야 한다(Grizzanti et al., 2016). 따라서 지역브랜드는 '특정 지역을 식별하는 이름 또는 기호(로고 또는 상표)를 지정하고, 다른 지역과 차별화하며, 제안의 객관적·인지적·감정적 및 가치 있는 요소의 종합을 나타내도록 해야 한다.

　관광산업의 규모가 세계 시장으로 확대되었다. 목적지 경쟁에서 앞서려면 이러한 변화를 고려한 우수 사례와 방법을 사용해 전략적으로 분석해야 한다. 오늘날 국제적으로 인정받기 위해 도시는 매력적이고 경쟁력 있는 포지셔닝을 해야 한다. 이것은 사람들이 더 적극적으로 움직이도록 하는 요인이 된다. 증가된 이동성 때문에 더 많은 사람들이 여행을 떠나지만, 목적지에서 특정 조건이 충족되는 경우에 많은 관광객을 모을 수 있다. 따라서 도시는 자본과 사람들을 끌어들이기 위해 전략적인 결정을 해야 하지만, 도시브랜드를 구축하는 것은 고전적인 마케팅만의 문제는 아니다. 예컨대 스토리텔링에 관한 것이다. 적절한 그림, 색상 및 느낌을 선택해 스토리를 잘 전달할 수 있다.

오늘날 브랜딩에 대한 전략은 매우 중요하며 로고 디자인에만 국한되지 않는다. 로고는 명함과 같은 필요조건이지만, 충분조건은 아니다. 일부는 서비스를 위한 브랜드 개발 기술을 구축하고, 다른 일부는 참여 수준을 높인다. 모든 도시는 식별을 위한 다양한 방법을 정의한다. 각 도시는 고유한 요소를 가지고 있으며, 각 요소에 우선순위를 부여한다. 그것은 사람들을 끌어들이기 위해 도시에 색칠하는 것이 아니라 더 많은 고민이 필요한 매우 힘든 과정이다. 실제로 외부에서 이해할 수 있고 머릿속에 포지셔닝할 수 있는 정체성을 정의해야 한다. 이에 따라 시민들은 삶의 질을 높이 평가할 것이며, 도시는 관광객과 투자를 유치할 수 있다 (Martina, 2021).

덴마크 코펜하겐

Copenhagen — Open for You

- 덴마크의 수도로 인구는 50만 명이다.
- 1445년 크리스토페르 3세가 로스킬레에서 천도하면서 수도가 되었다.
- 도시의 명물은 인어공주 동상으로 나라의 랜드마크이다. 실제 크기는 58cm
  에 불과하다.

- **배경**: 덴마크의 수도 코펜하겐은 세계인에게 오래도록 사랑받아 온 도시였
  다. 그러나 새로운 도시 이미지를 만들어야 한다는 문제에 부딪혔다. 과거에
  사람들이 코펜하겐 하면 떠올리는 이미지 대부분은 바닷가에 있는 청동 인
  어상이었다. 그런데 기대한 것에 비해 이렇다 할 특징을 보이지 않는 실물 동
  상에 사람들은 크게 실망했다.

- **문제점**: 인어상에 대한 인지부조화는 코펜하겐에 그대로 적용이 되었다. 관광객과 투자자를 끌어들이기 위해서는 실망을 넘어 코펜하겐의 이미지를 명확히 전달할 전략이 필요했다. 이를 위해 'Copenhagen Redefined'라는 프로젝트가 실행되었다.

- **솔루션**: 다양한 사업 분야가 고려되었고, 관광객을 끌어들이기 위해 마케팅을 진행하는 공식 조직 WOCO(Wonderful Copenhagen)와 해외 투자를 유치하는 Copenhagen Capacity의 공동 작업이 진행되었다. 해결 방안으로 제시된 'COPENHAGEN, Open for You'는 코펜하겐에 방문한 사람이 가질 수 있는 다양한 감정, 효익, 경험 등을 하나로 통합했다. 언어적 표현을 택한 이유는 도시 이름의 소릿값 일부를 빌려 인지를 쉽게 할 분만 아니라, 코펜하겐이 가진 개방성(openness)을 담기 위함이었다.

  개방성이 강조된 만큼 로고도 다양한 변형이 가능했다. 로고 가운데 위치한 녹색 원은 산업이나 주제에 따라서 다양한 색상으로 바뀌었으며, 하단의 "Open for you"라는 문구는 Open for Diversity(성 소수자 관련), Open for Climate changes(기후 협약 관련) 등으로 다양하게 바꿔 사용되었다.

자료: 서울시 도시브랜드 자료실, https://url.kr/zxsdc8(검색일: 2022.2.28).

1
—
공공 브랜드의 이해

세계사를 움직인 다섯 가지 힘으로 종교religions, 근대주의 modernism, 제국주의imperialism, 물질monsters, 욕망desire을 꼽을 수 있다. 이 다섯 가지 힘을 한마디로 요약하면 '브랜드'다. 브랜드는 다양한 모습으로 진화해 왔다. 프랜시스 후쿠야마Fransis Fukuyama 는 이를 '인정 투쟁'이라고 보고 역사 발전의 원동력이라고 했다. 자기 브랜드 가치를 극대화하려는 욕망이 바로 세계사를 움직여 온 것이라는 주장이다.

세계적인 브랜드는 자기 브랜드 가치를 높이기 위해서 다양한 마케팅 커뮤니케이션 활동을 이어오고 있다. 〈그림 1-1〉 로고나 슬로건으로 브랜드를 떠올려 보자.

그림 1-1 **나이키의 슬로건 JUST DO IT**

무엇이 생각나는가? 물론 대부분의 독자가 쉽게 나이키를 떠

그림 1-2 **세계 주요 브랜드의 로고 마크**

올릴 것이다. 강력한 한마디의 슬로건이 브랜드와 연결되면서 브랜드네임을 직접 제시하지 않고도 브랜드 연상, 이미지, 슬로건이 생각날 것이다. 이것이 브랜드의 파워다. 시각적인 장치로서 로고 마크의 일부만으로도 브랜드가 연상된다. 〈그림 1-2〉는 세계적인 브랜드인 하이네켄(맥주), 티파니(보석), 폭스바겐(자동차), 쉘(석유), 맥도날드의 로고 마크다.

이처럼 강력한 브랜드는 차별화differentiation, 명확성clarity, 지속성consistency, 투자investment라는 공통점이 있다. 브랜드나 회사명은 단순히 잘 만들어낸 아이디어에 머무는 것이 아니라 기업과 제품, 서비스에 책임을 지는 약속이다. 기업, 제품, 서비스에 대한 이미지, 경험, 기억 등 브랜드는 기업과 소비자가 맺는 인연이나 관계를 통해 가치를 극대화한다.

브랜드는 한마디로 소비자에게 강력히 다가가기 위한 고백이다. 자사 브랜드에 대한 강력한 연상과 이미지는 최상의 브랜드 자산이다. 브랜드 원리가 다양한 영역으로 진화하고 있다. 이러한 브랜드 원리가 사적 기업에서 공공公共 영역으로 확대되고 있다.

오늘날 기업의 브랜드 관리는 브랜드 네이밍, 로고, 상징 만들기에서 브랜드 전략의 구축, 브랜드 정체성brand identity, 콘셉트와 포지셔닝concept & positioning의 정립, 브랜드 포트폴리오의 효과적인 관리, 다양한 브랜드 경험의 관리customer-brand experience, 소비자와 브랜드 간의 다양한 접점touch points에 커뮤니케이션, 브랜드 자산brand equity, 가치 평가로 이어진다.

그렇다면 공공이란 무엇일까? 공공성의 개념을 공익성, 공정성, 공민성, 공개성의 네 가지 차원으로 살펴본 구혜란(2015)의 연구에서는 공공성의 경제적 차원의 핵심 요소는 공익성과 공정성이며, 정치적 차원의 핵심 요소는 공민성과 공개성이라고 설명했다. 여기서 공익성은 공동의 이익에 기여하는 국가와 사적 영역의 자원 투입 및 배분 상태를 의미하며, 공정성은 자원에 대한 접근과 분배 및 재분배의 형평성 정도를 나타낸다. 공민성은

그림 1-3 **공공성의 개념**

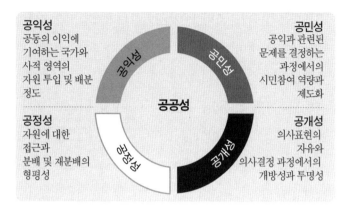

자료: 구혜란(2015).

공동의 이익과 관련된 내용, 즉 '누가', '무엇을', '어떻게'를 결정하는 과정에서 시민참여 역량과 제도화 수준이라고 설명하며, 마지막으로 공개성은 공익과 관련된 의사표현의 자유와 의사결정 과정에서의 개방성과 투명성이라고 설명한다. 구혜란은 공공성을 이렇게 공익성, 공정성, 공민성, 공개성 등 네 개 요소의 총합으로 파악했다.

공공 브랜드의 등장 배경은 이러한 공공 인식의 변화와 공공성의 대두에서 찾을 수 있다. 참여와 개방, 협력의 공동체적 가치가

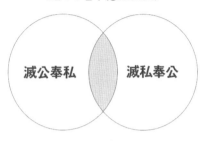

그림 1-4 **활사개공**(活私開公)

자료: 김유경(2020).

출현하면서 공익, 시민 브랜딩의 시대가 시작되었다. 이로써 공공 부문의 마케팅 경쟁이 본격화되었다. 명확하고 독창적인 우위를 선점하기 위한 이미지 전쟁 시대가 도래했다.

공과 사의 문제를 잘 이해하기 위해서는 〈그림 1-4〉의 의미를 잘 살펴봐야 한다. 다시 말해 사私를 살려活 공公을 여는開, 활사개공活私開公은 대안이 될 수 있다. 공공 정체성을 구축하면서도 공공의 이익을 도모해야 한다. 이러한 흐름은 애덤 스미스Adam Smith의 고전적 자본주의(1.0)부터 아나톨 칼레츠키Anatole Kaletsky의 따뜻한 자본주의(4.0)에 이르는 자본주의의 발달 역사에서도 확인할 수 있다.

공공과 시장경제 주체들이 공익을 위해 협력하는 따뜻한 자본

그림 1-5 **자본주의 1.0~4.0**

| 자본주의 1.0
고전자본주의
애덤 스미스, 『국부론』 | 자본주의 2.0
수정자본주의
(메이너드 케인스) | 자본주의 3.0
신자유주의
(시카고학파) | 아나톨 칼레츠키,
자본주의 4.0 |

자료: 김유경(2020).

주의가 등장했다. 지금은 공공 브랜딩의 시대다. 필립 코틀러 Philip Kotler는 "브랜딩은 여러분이 소속된 기관과 지역이 시민의 마음속에서 원하는 자리를 차지하려고 할 때 사용할 수 있는 한 가지 전략"이라고 하면서 브랜딩의 역할을 강조했다.

일반적으로 공공의 세계는 활동 영역과 주체에 따라 다양한 장르로 유형화되므로, 이를 브랜드 관리의 대상으로 설정해 운영하는 전략적 노력을 병행해 나가야 한다. 공공 브랜드는 광의의 차원에서 공공의 소유인 공공재를 모두 포함하며, 공공의 관심 영역을 모두 포괄한다. 또한 사기업이라도 공공 정체성을 실현하는 사회적 기업의 활동은 공공 브랜드의 콘텐츠에 해당한다(김유경, 2013). 결국, 공공 브랜딩 또는 관리란 "공공재public contents 나 기관public infra이 공공 정체성을 정립하고 이를 토대로 시민 등 이해관계자의 호감과 신뢰로 전환하는 전략적 과정"이다.

공공 브랜드의 전략적 관리를 통해 국민, 시민, 소비자의 관점에서 기관, 기구, 지역, 정책의 핵심 정체성을 대내외 소비자, 관광, 투자, 거주, 수출 분야 등에 일관적으로 알릴 수 있는 커뮤니케이션 효과를 기대할 수 있다. 시장이라는 관점에서 보면, 공공 캠페인 관련 시장 규모가 확대되면서 공공재의 이미지에 근거한 대외 마케팅을 효율적으로 집행하게 되었다. 정부, 도시, 공기업에서도 민간 영역과 같은 마케팅 효과를 거두게 된 것이다. 목표 소비자라는 인식 속에 공공재의 경쟁력 우위를 점하려는 노력의 효과가 배가될 수 있다. 또한 혁신 정책브랜드로 성과가 기대된다.

이는 국민, 시민, 조직 구성원 간 단합과 결집을 모색하는 내부 브랜딩internal branding의 효과를 극대화한다. 예컨대 도시 슬로건, 국가 슬로건과 같은 경우가 여기에 해당한다. 공공 브랜딩의 대표적인 사례로 부산시의 도시브랜딩을 들 수 있다. 부산시는 세 번째 도시브랜드 기본 계획을 수립하고 이를 반영했다. 대표적으로 월드시네마 조성 등 영화·영상 도시 위상 강화로, 구체적으

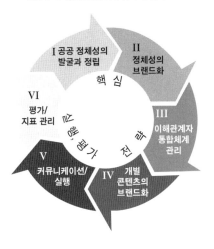

그림 1-6 **공공 브랜드의 전략적 관리**

I 공공 정체성의 발굴과 정립
II 정체성의 브랜드화
III 이해관계자 통합체계 관리
IV 개별 콘텐츠의 브랜드화
V 커뮤니케이션/실행
VI 평가/지표 관리

핵심

발전

실행·평가

자료: 김유경(2020).

로 아시아 영화·영상 도시로의 위상을 강화하는 사업을 추진했다. 한국 영화 100주년을 맞아 '월드시네마'를 랜드마크로 조성하고 부산국제영화제를 아시아 최고 영화제로 끌어올리는 것이 주요 내용이었다. 월드시네마는 해운대 영화의전당 일원에 들어선 1단계로 한국영화 100년사, 경관 조명, 시네마 상징물 등을 설치하고 2단계로는 더블콘 융복합문화공간 등을 건립했다. 1단계는 마쳤으나, 2단계는 아직 실행되지 않았다.

또 다른 사례로 들 수 있는 것이 울산시의 도시브랜딩이다. 울산은 수소산업, 생태관광도시의 이미지를 알리고자 했다. 석유화학과 조선, 자동차 산업에 수소를 접목해 세계적인 수소도시로서 거듭난다는 계획이다. 울산은 경제자유구역 지정되면서 수소 관련한 산업의 중심지로 자리매김하고 있다. 이뿐 아니라 순천만에 이어 대한민국 제2호 국가정원으로 지정된 태화강 국가정원을 시작으로, 정원문화 확산을 위해 '민간 정원'도 선정해 발표했다. 동구 서부동 현대예술정원을 '울산시 제1호 공동체 정원'으로 지정했다.

다음으로 인천시는 국제회의 도시로 브랜딩 마케팅 전략을 수립했다. 제56차 아시아개발은행 연차총회에서 인천을 탄탄한 인프라를 갖춘 국제회의 도시로 홍보하기 위해 도시브랜드 마케팅 활성화 전략을 구축했다. 한국 최초의 근대식 등대인 팔미도 등대를 모티브로 "인천의 빛, 아시아의 빛이 되다"를 슬로건으로 확정했다. 홍보관과 경관조형물에 팔미도 등대를 활용해 메시지를 전달했다.

제천시의 경우는 중부권 대표 미식관광도시로 포지셔닝했다. 미식마케팅팀 신설, '약채락' 브랜드 강화, 맛집 홍보 확대, 명동 갈비 골목 특화사업, 가스트로 투어 활성화 등 음식관광 콘텐츠

개발과 마케팅에 힘쓰고 있다. 약채락은 '약이 되는 채소의 즐거움'이라는 뜻으로 제천 약초를 이용해 만든 한방 약선 음식을 말한다. 2020 미식도시 제천 선포식을 개최해 제천 음식의 맛과 우수성을 대외에 홍보했다.

화성시는 공공건축, 환경 개선 도시를 내세워 가치를 높이고자 했다. 임승빈 서울대 명예교수를 초대 총괄계획가로 위촉해 향후 2년간 건축과 도시 관련 사업의 기획 단계부터 사업의 총괄 조정, 정책 자문, 사업 간 통합적 연계 등 협력 관계 구축, 발주 방식 등 사업체계 검토와 개선에 참여토록 했다.

이처럼 지방정부가 도시브랜딩에 나서는 이유는 무엇일까? 역사·사회·문화·환경 등 도시의 유형·무형 자산을 차별화해 도시 정체성을 확립하려는 지방정부의 움직임이 분주하다. 성공적인 도시브랜딩은 도시 경쟁력으로 이어져 도시를 매력적으로 만들고 시민들의 자부심과 자긍심을 높이는 결과로 나타나고 있다.

1   공공 브랜딩이란?

2   공공 브랜딩은 왜 필요한가?

3   우리 지역에는 어떤 공공 브랜드가 있는가?

4   나의 삶에 공공 브랜드는 어떤 의미가 있는가?

영국 글래스고

Glasgow — Glasgow's miles better

- 스코틀랜드의 도시로, 영국의 경제와 문화의 중심지이다. 인구는 61만 명이다.

- 영국에서 세 번째로 큰 도시이며, 글래스고 출신 사람을 글래스위전이라고 한다.

- 아름다운 건축물과 예술 갤러리, 공원 등이 있으며, 세계적인 문화 행사와 축제가 열리는 곳이다.

● **배경**: 글래스고는 1136년 대성당이 건립되고, 1451년 글래스고 대학이 들어서면서 스코틀랜드의 학문 및 종교 중심지로 기능해 왔다. 산업혁명기에는 철강과 조선업을 중심으로 막대한 부를 창출해 '대영제국의 공장'으로 불렸고, 20세기 초까지 조선 및 중공업을 육성해 당시 유럽에서 가장 부유하고 멋진 도시였다.

● **문제점**: 시간이 흐르면서 글래스고는 점차 쇠퇴했고, 도시 경제를 지탱하던 중공업이 값싼 노동력으로 추격하는 해외 업체에 설 자리를 잃었다. 일거리가 줄어들자 사람들은 글래스고를 떠났다. 이곳에는 오래된 도시, 낡은 공업 도시라는 부정적인 이미지만 남게 되었다.

● **솔루션**: 글래스고는 경쟁력이 저하된 제조업에서 문화 및 서비스업 중심 도시로 전환을 모색했다. 해결 방안으로 도시브랜딩 작업에 착수했고, 본격적인 도시 마케팅은 1983년 글래스고 마일스 베터(Glasgow`s miles better) 캠페인으로 시작되었다. '마일스 베터(miles better)'는 외곽 도시인 글래스고가 가까운 도시보다 더 좋다는 의미와 '더 웃을 수 있다(smiles better)'는 뜻을 담고 있다. 중공업을 대신해 문화산업과 서비스업을 대안으로 '쇠퇴한 공업도시'라는 부정적 이미지를 벗고, 이벤트와 예술, 관광 및 서비스업을 도시 경제의 새로운 동력으로 육성하고 마케팅하는 프로젝트를 시작했다. 이 새로운 도시 마케팅 프로젝트에는 민간 광고 전문가 외에도 시의회 의원, 시의 경제개발 부처의 공무원, 글래스고 개발기구, 지역 사업 대표자들이 대거 참여했다. 1985년에는 도시 관광 활성화를 위해 '글래스고 액션(Glasgow Action)'이라는 민관 합작 기관을 설립했다.

● **성과**: 글래스고는 1990년대 '글래스고 마일스 베터' 캠페인과 '유럽 문화도시의 해' 사업의 성공을 토대로 도시 이미지를 변화시킬 수 있었다. 2004년 "품격 있는 스코틀랜드 글래스고(Glasgow―Scotland with style)"라는 슬로건을 발표했다. 새로운 글래스고 스타일이라는 명확한 이미지를 강조하

며, 창의적이고 에너지가 넘치는 현대적인 도시로 재포지셔닝했다. 글래스고는 현재 영국에서도 가장 모던하고 젊은 도시로 부상하고 있다. 30여 년 전만 하더라도 영국의 대표적인 굴뚝 도시에서 문화도시로 이미지를 전환한 것은 체계적으로 도시브랜딩 전략을 실행한 성과이다. 민관의 협력을 통해 도시의 경쟁력을 강화하고자 하는 추진 체계가 성공적인 기반으로 작용했고, 지역주민들의 공감대를 바탕으로 새롭고 창의적인 다양한 프로젝트를 성공으로 이끌었다. 고객의 변화에 대응하기 위한 캠페인과 슬로건의 변화를 통해 리포지셔닝을 시도한 점이 글래스고의 브랜드를 항상 새롭게 만들어가는 힘이 되었다.

자료: 서울시 도시브랜드 자료실, https://url.kr/zxsdc8(검색일: 2022.2.28).

2

브랜드의 이해

매년 글로벌 브랜드 자산 순위를 발표하는 글로벌 브랜드 평가 전문 컨설팅업체 인터브랜드Interbrand는 2022년에도 "글로벌 100대 브랜드 2022"를 발표했다. 인터브랜드 발표에 따르면 5위에 오른 국내 기업 삼성전자를 비롯해 현대가 35위, 기아가 87위였다. 100위 안에 새롭게 진입한 기업으로는 54위 에어비앤비Airbnb, 63위 레드불Red Bull, 84위 샤오미Xiaomi 등이 있다. 상위 10개 브랜드가 전체 가치의 53%를 차지하는 것으로 나타났다.

발표에 따르면 상위 10개 기술 브랜드의 가치는 평균 18%가 증가했다고 한다. 애플(약 687조 6000억 원/$482.215m)이 1위를 유지했고, 마이크로소프트(약 396조 9000억 원/$278,288m)가 아마존(약 391조 9000억 원/$274,819m)을 제치고 2위에 올랐다. 구글(약 358조 원/$251,751m)은 4위를 지켰다. 삼성이 5위(약 124조 5000억 원/$87,689m), 도요타 6위($59,757m), 코카콜라 7위($57,535m), 메르세데스벤츠 8위($56,103m), 디즈니 9위($50,325m), 나이키가 10위($50,289m)에 랭크됐다. 또한 글로벌 100대 브랜드의 평균 가치가 사상 처음으로 3000만 달러를 돌파했다.

표 2-1 **인터브랜드의 글로벌 브랜드 가치 톱 10(2022)**

기업명	브랜드 가치(증감률)
애플(Apple)	3550억 8000만 달러(+34,8%)
아마존(Amazon)	3502억 7300만 달러(+37.8%)
구글(Google)	2634억 2500만 달러(+37.8%)
마이크로소프트(Microsoft)	1842억 4500만 달러(+31.2%)
월마트(Walmart)	1119억 1800만 달러(+20.1%)
삼성(Samsung)	1072억 8400만 달러(+4.5%)
페이스북(Facebook)	1012억 100만 달러(+24.2%)
중국공상은행(ICBC)	751억 1900만 달러(+3.2%)
화웨이(Huawei)	712억 3300만 달러(+28.6%)
버라이즌(Verizon)	696억 3900만 달러(+1.9%)

인터브랜드 이외에도 브랜드 파이낸스, 밀워드 브라운 같은 글로벌 컨설팅 기업도 나름의 기준으로 글로벌 브랜드 순위를 매년 집계해 발표하고 있다. 브랜드 가치 평가회사 브랜드스탁은 230여 개 부문의 대표 브랜드 1000여 개를 대상으로 가치를 분석해 브랜드 가치 평가지수BSTI: Brand Stock Top Index를 발표한다.

표 2-2 **브랜드 파이낸스의 「2022년 글로벌 500대 브랜드」 중 톱10**

기업명	브랜드 가치
애플	3551억 달러
아마존	3503억 달러
구글	2634억 달러
마이크로소프트	1842억 달러
월마트	1119억 달러
삼성	1073억 달러
페이스북	1012억 달러
중국공상은행	751억 달러
화웨이	712억 달러
버라이즌	696억 달러

글로벌 브랜드 가치평가 및 전략 컨설팅 기관인 브랜드 파이낸스가 발표한 「2022년 글로벌 500대 브랜드Global 500 2022」 보고서에 따르면 1위는 3551억 달러의 브랜드 가치를 인정받은 애플이 차지했고, 아마존(3503억 달러)이 그 뒤를 바짝 추격했다. 이어 구글(2634억 달러)과 마이크로소프트(1842억 달러), 월마트(1119억 달

표 2-3 BSI 톱10 브랜드

기업명	지수(증감률)	순위 증감
위챗	93.3(-2.1)	0
코카콜라	93.3(+1.6)	+4
구글	93.3(+7.1)	+39
유튜브	93.2(+6.2)	+27
네이버	92.5(+9.3)	+104
스베르	92.3(+0.3)	-3
페라리	90.9(-3.0)	-2
아마존	90.3(+0.4)	0
델로이트	90.2(-0.9)	-6
펩시	90.1(+1.7)	+20

러)가 차례로 톱5 안에 들었다. 삼성은 올해 브랜드 가치가 1073억 달러(약 129조 원)로 작년보다 5% 증가했지만 6위에 올랐다. 7위는 페이스북(1012억 달러), 8위는 ICBC(751억 달러), 9위는 화웨이(712 억 달러), 10위는 버라이즌(696억 달러)이었다. 화웨이는 2022년 총 712억 달러(한화 약 86조 원)의 브랜드 가치를 인정받으며 2021년

(15위) 대비 여섯 계단 상승해 9위를 차지했다. 화웨이는 2020년 브랜드 파이낸스 글로벌 500대 브랜드 조사에서 10위에 올랐지만, 2021년에는 순위가 하락했다.

브랜드 파이낸스는 브랜드 가치를 계산하는 것 외에도 마케팅 투자, 이해관계자 지분 및 비즈니스 성과를 평가하는 브랜드 강도 지수(BSI)도 발표한다. 네이버는 2022년 미디어 브랜드 BSI에서 92.5를 기록해 2021년보다 99계단 뛰어올라 5위에 랭크되었다(≪워크투데이≫, 2022.2.24).

BSTI는 브랜드스탁 증권거래소의 모의주식 거래를 통해 형성된 브랜드 주가지수(70%)와 정기 소비자조사지수(30%)를 결합한 브랜드 가치 평가 모델이다. 이처럼 값으로 매겨서 브랜드 가치를 평가할 수 있을까? 브랜드는 구체적인 제품도 아니고 거래될 수 있는 유형의 물건도 아니다. 다만 시장에서 거래할 수 있도록 제품에 로고와 마크를 달아 구별한 장치에 불과하다. 오늘날 아마존이나 구글, 삼성과 같은 글로벌 브랜드들이 얼마나 커다란 가치를 갖는지 굳이 설명하지 않아도 쉽게 알 수 있다. 브랜드의 정의와 기능에서 시작해 브랜드에 대한 이해를 높여보자.

브랜드란 무엇일까? 다양한 연구자들이 브랜드에 대해 정의를 내리고 있는데 미국 마케팅협회의 정의를 가장 기본으로 삼고 있다. 미국 마케팅협회에서는 브랜드에 대해 "자사 제품이나 서비스를 확인함과 동시에 경쟁 기업의 제품이나 서비스와는 차별하기 위해 사용하는 이름, 기호, 상징, 용어, 디자인 또는 이들의 조합이다"라고 정의했다. 브랜드는 자신의 소를 다른 사람의 소와 구분하기 위해 불도장으로 낙인을 찍었던 데서 유래했다고 한다.

그렇다면 제품과 브랜드의 차이는 무엇인가? 제품은 획득, 사용 또는 소비함으로써 욕구 등을 충족시킬 수 있으며, 시장에 제공 가능한 유형·무형의 상품이나 서비스, 인물이나 영리·비영리 조직, 장소, 아이디어 등 모든 형태를 의미한다. 반면에 브랜드는 경쟁자의 제품이나 서비스와 차별화하기 위해 제공되는 본질적인 속성뿐만 아니라 부가가치가 추가된 것이다.

브랜드의 기능에는 탐색 비용 절감, 구매 위험 감소, 소비자 약속, 신호 단서가 있다. 브랜드는 첫째, 탐색 비용을 절감한다. 소비자는 구매 결정 과정에서 다양한 정보를 활용한다. 이때 브랜드는 잘 조직화된 정보의 결집으로서 정보처리 시 부하를 줄이고 신속한 처리를 가능하게 한다. 둘째, 구매 위험을 감소시킨다. 제품이나 서비스 구매 시 시간적·기능적·재정적·사회적·심리적 위험이 있을 수 있는데, 브랜드는 이러한 위험을 줄여준다. 셋째, 소비자와의 약속이다. 소비자가 특정 브랜드를 선호하는 이유는 그 브랜드가 약속하는 무엇인가가 있기 때문이다. 넷째, 신호로서 단서를 제공한다. 소비자는 추론이라는 정보처리 행동을 통해 판단과 구매를 결정한다. 브랜드는 강력한 신호로 추론의 단서 역할을 한다.

브랜드 자산brand equity은 다양한 정의가 가능하다. 브랜드 자산은 특정 브랜드를 소유함으로써 얻을 수 있는 바람직한 마케팅 효과다. 높은 시장 점유율과 브랜드 로열티 등을 브랜드 자산으로 거둘 수 있다. 데이비드 아커David Aaker는 브랜드 자산 모형으로 이를 설명하고 있다. 브랜드 자산이란 브랜드와 관련된 자산들과 회사나 고객의 부가적 (또는 종속된) 가치를 상징하는 브랜드 네임과 심벌에 대해 재화와 용역으로 제공되는 자산assets의 집합이다.

소비자 관점의 브랜드 자산은 소비자의 기억 속에 바람직한 브랜드 지식이 저장되어 있을 때 발생한다. 브랜드 지식은 브랜드 인지도와 브랜드 이미지로 구성된다. 다양한 유형의 브랜드 지

그림 2-1 **브랜드 자산 모델**

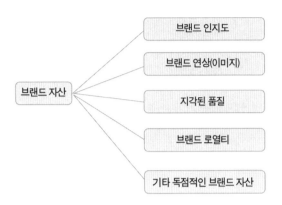

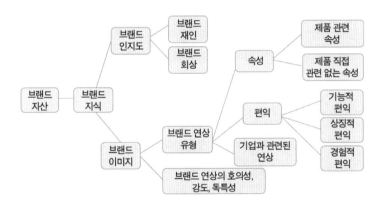

식은 의사결정 과정이나 선택 과정에 커다란 영향을 미친다. 브랜드 포지션 강화 및 재포지셔닝을 통한 강화와 같은 중요한 브랜드 전략이 브랜드 지식과 관련된다. 브랜드에 대해 친숙하고 긍정적인 이미지를 갖게 되면, 이는 브랜드 지식이 되고, 브랜드 자산 구축에 영향을 미친다.

브랜드 인지는 브랜드를 회상recall하거나 재인recognition하는 능력이다. 브랜드 회상은 단서가 주어졌을 때 특정 브랜드를 기억에서 인출할 수 있는 것을 말한다. 브랜드 재인은 단서가 주어졌을 때 과거에 그 브랜드에 노출되었는지를 확인할 수 있다. 브랜드 인지는 단순히 브랜드를 알거나 이전에 본 적이 있다는 사실을 기억하는 것보다 중요한 의미가 있다. 브랜드 인지는 브랜드, 상징, 로고 등을 기억에 저장된 브랜드 관련 지식과 연결하는 활동을 포함하기 때문이다.

브랜드 이미지는 브랜드에 대한 지각(또는 전반적 인상)으로 정의되며, 기억 속에 저장된 다양한 브랜드 관련 연상들의 결합으로 형성된다. 강력하고, 호의적이며, 독특한 브랜드 연상은 브랜드 자산 구축에 중요한 역할을 한다. 브랜드 연상은 속성, 편익, 기업과 관련된 연상으로 구분이 가능하다.

브랜드 속성과 관련된 연상은 제품과 관련된 속성 연상과 제품과 직접 관련이 없는 속성 연상으로 나뉜다. 제품과 관련된 속성 연상은 제품 범주에 대한 연상, 제품 속성에 대한 연상, 품질/가격 관련 연상이 있다. 제품과 직접 관련이 없는 속성 연상은 브랜드 퍼스낼리티에 대한 연상, 사용자 연상, 제품 용도 관련 연상, 느낌과 경험 관련 연상으로 나뉜다. 제품과 관련된 속성 연상은 자사 브랜드가 제품 범주와 밀접하게 연관될 때 긍정적으로 작용한다. 면도기-질레트, 화장지-크리넥스, 1회용 반창고-대일밴드가 그런 예이다.

제품 속성에 대한 연상은 소비자가 바라는 제품 기능을 수행하는 데 필요한 제품의 구성요소다. 자사 브랜드가 경쟁 브랜드보다 우수하다고 연상시키는 것이 중요하다. 예를 들면 토비콤의 바디 비타민(모델: 유해진)이 있다. 품질/가격 관련 연상은 지각된 품질과 소비자들이 제품의 성능에 대해 갖는 생각을 의미한다. 품질 수준과 가격의 관계도 고려해야 한다. 하겐다즈의 프리미엄 아이스크림을 예로 들 수 있다.

브랜드 퍼스낼리티 연상은 제품과 직접 관련이 없는 속성으로, 특정 브랜드 하면 인간적 특성이나 인물을 떠올리는 것을 의미한다. 예를 들면 할리데이비슨 오토바이의 마초적, 자유를 추구하는 남성적 이미지가 여기에 해당한다. 사용자 연상은 전형적인 브랜드 사용자 연상이다. 예를 들면 나이키골프의 모델 타이거 우즈, 맥심의 모델 공유가 대표적이다.

제품 용도 관련 연상은 특정 시간, 장소, 용도 등과 관련된 연상이다. 예를 들면 밀러 타임-퇴근 후 마시는 맥주, 자일리톨 껌-자기 전에 씹는 껌이 있다.

느낌과 경험 관련 연상은 브랜드에 대해 갖는 느낌이나 브랜드가 주는 정서를 의미한다. 예컨대 삼성전자 갤럭시는 첨단의, 유쾌하고, 재미있는 느낌을 준다. 편익과 관련된 연상으로, 기능적 편익은 제품 구매를 통해 당면한 문제를 해결하고자 하는 소비자의 욕구를 충족시킨다. 예를 들면 헤드앤숄더 샴푸의 비듬 예방에 효과를 들 수 있다. 상징적 편익은 제품 구매를 통해 사회적 인정을 받으려는 자아 표현이나 자긍심을 보이려는 욕구를 충족시킨다. 레녹스(도자기), 티파니(보석) 등이 그 예이다.

경험적 편익이란 제품 사용 과정에서 소비자들이 긍정적인 느낌을 갖게 되는 것을 말한다. 예를 들면 디즈니, 마운틴 듀, 에버랜드 등이다. 기업과 관련된 연상이 중요한 이유는 첫째, 경쟁사들이 모방하기 어려울 뿐만 아니라 특정 제품 범주에 국한되지 않는다는 이점이 있다. 둘째, 제품과 관련된 연상은 기능적 편익과 주로 연결되지만, 기업과 관련된 연상은 기능적·상징적·경험적 편익을 모두 제공할 수 있다. 셋째, 여러 제품을 생산하는 경우, 기업과 관련된 개별 제품의 신뢰성 제공에 도움을 줄 수 있다. 넷째, 기업 구성원들에게 긍정적인 효과를 제공하고 자긍심을 높인다.

기업 브랜드 전략corporate brand strategy은 기업의 브랜드 자산에 중요한 영향을 미친다. 예를 들면 기업 이익의 사회적 환원이라는 유한양행의 경영 이념을 반영한다. 유한킴벌리-'우리강산 푸르게 푸르게' 캠페인이 있다. 브랜드 아이덴티티brand identity는 기업이 자사 브랜드와 관련해 표적 소비자의 마음속에 궁극적으로 심어주고 싶은 바람직한 연상들의 결합을 의미한다. 브랜드 콘셉트의 개발을 통해 표적 소비자들에게 구체적으로 전달된다.

브랜드 콘셉트brand concept란 추상적이고 광범위한 브랜드 아이덴티티를 소비자가 쉽게 이해할 수 있도록 구체적으로 표현하는 것이다. 기업이 개발하여 표적 고객의 마음속에 심어주고 싶은 구체적 의미로서, 특정 제품을 한마디로 가장 잘 정의한 것이

그림 2-2 기업 브랜드 아이덴티티 개발과 소비자 브랜드 자산 형성

제품 특성

촉진 믹스 ← 브랜드 콘셉트 → 브랜드명

심벌 및 로고

광고 등 마케팅 노력

브랜드 인지도

고객 기반 브랜드 자산

브랜드 이미지(연상)

기업의 브랜드 아이덴티티 개발

소비자 브랜드 자산 형성

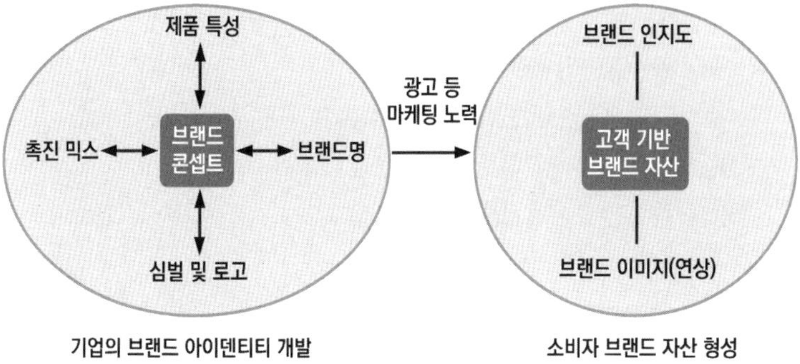

다. 예를 들면 말보로(남성적 담배), 게토레이(갈증 해소 음료), 불가리스(위산으로부터 위를 보호하는 요구르트)가 있다. 나이키의 핵심적인 아이덴티티는 〈표 2-4〉와 같다.

브랜드 자산 구축에 다양한 수단이 동원되는데, 광고가 가장 중요한 역할을 한다. 전통적으로 광고는 제품·서비스의 정보나 차별 경쟁 우위를 소비자에게 알리고 이를 통해 설득한다. 브랜드 구축에도 유사한 역할을 한다. 브랜드 자산 구축에서 광고의 기능은 브랜드 인지, 브랜드 지식, 브랜드 반응이 있다. 브랜드 자산 구축에서 브랜드 인지 기능을 강화하는 광고의 역할은 세 가지를 들 수 있다. 첫째, 브랜드 지식의 형성과 지식들 사이의

표 2-4 **나이키의 사례**

주력 상품: 스포츠와 건강 관련
사용자: 최고의 선수와 건강 및 운동에 관심 있는 모든 사람
성능: 기술적인 우위에 바탕을 둔 성능 좋은 신발
향상된 삶: 운동을 통해 향상된 사람들의 삶

확장된 아이덴티티
브랜드 개성: 재미있고, 진취적이며, 혁신적이고 건강과 최고를 추구
로고: Swoosh 심벌
슬로건: Just do it
연상 이미지: 선수와 스포츠에 관심이 많고 이를 잘 뒷받침

연합을 강화한다. 둘째, 브랜드가 어떤 제품·서비스 영역에 속하는지, 소비자의 어떤 욕구를 충족하는 데 기여하는지 확인하게 함으로써 구매 시 선택될 확률을 높인다. 셋째, 제품·서비스에 대한 소비자의 관여가 낮을 때, 구매에 더욱 직접적인 영향을 미친다.

광고는 브랜드 지식을 형성하고 강화하는 역할을 한다. 첫째, 광고는 브랜드의 성능이나 수행에 대한 지식을 강화한다. 성능

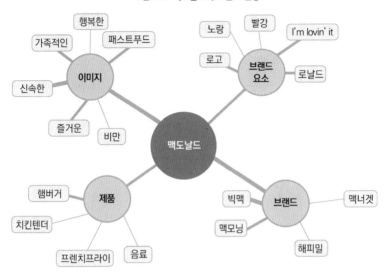

그림 2-3 **맥도날드의 브랜드 연상**

이나 수행성에 대한 신뢰와 효과 및 효율성 지각도 포함한다. 둘째, 광고는 무형의 브랜드 지식을 형성하고 강화하는 역할을 한다. 심리적·사회적 욕구 충족과 관련된 무형의 브랜드 지식을 형성·강화한다. 브랜드 개성, 사용자 프로파일, 사용 상황, 브랜드 사용 역사나 경험의 지식이 포함된다. 광고는 브랜드에 대한 직접적인 반응에 영향을 미치고, 이는 다시 브랜드 자산에 긍정적으로 기여해 브랜드를 재구축한다. 브랜드에 대한 반응은 이성적·감정적인 것으로 구분이 가능하다.

브랜드에 대한 이성적 반응은 브랜드에 대한 의견이나 평가 판단을 포함한다. 광고는 브랜드에 대한 품질 지각, 브랜드에 대한 전반적인 신뢰와 믿음, 브랜드의 차별적 우위 지각에 영향을 미친다. 브랜드에 대한 감성적 반응은 브랜드가 불러일으키는 정서다. 브랜드는 명제적 지식과 감성 요인이 연합되어 있다. 광고는 브랜드에 대한 감성 반응 학습에 영향을 미친다.

브랜드 포지셔닝은 자사 브랜드가 도달하고자 원하는 목표에 제대로 가기 위한 전략적 사고의 과정으로 정의할 수 있다. 브랜드 포지셔닝은 브랜드 강화를 위한 필수 전략이다. 브랜드 강화를 위한 광고 전략 입안의 토대가 되므로 중요하다. 브랜드 포지셔닝 과정은 먼저 브랜드의 표적 집단을 규정하고 그 집단에 대해 전략적 역량에 집중한다. 다음으로 경쟁의 장과 핵심 경쟁자를 규정한다. 이어서 사용 상황과 시점을 구분한다. 차별적 편익을 규정하여 경쟁 브랜드에 비해 어떠한 편익이 있는지 살펴본다. 브랜드 개성이란 브랜드의 체질, 기질, 정신을 보여주는 개성으로 규정된다.

브랜드 포지셔닝의 핵심은 경쟁적 차별화다. 소비자의 마음속에 차별적이고 경쟁력 있는 브랜드로 자리 잡으려면 그 브랜드만의 고유한 속성을 소비자의 마음속에 심어야 한다. 제품 유목에 속한 다른 브랜드와 차별적인 속성이 있어야 한다. 예를 들어 자동차는 네 바퀴, 엔진, 달린다 등의 공통 속성을 지니는데, 여기에 더해 볼보는 '안전', 벤츠는 '명예'와 같은 차별적인 속성을 지닌다.

차별적 속성 확보를 위해 필요한 것은 독특성distinctiveness이다. 독특성은 다른 항목과 구별되는 정도를 말한다. '안전'은 자동차에 일반적인 속성일 수 있다. 볼보는 광고를 통해 지속적으로 안전성을 강조함으로써, 소비자들의 기억 속에 안전성은 볼보의 독특한 속성으로 자리 잡게 되었다.

브랜드 포지셔닝 유형에는 제품 속성에 의한 포지셔닝, 사용 상황에 의한 포지셔닝, 제품군에 의한 포지셔닝, 제품 사용자에 의한 포지셔닝, 경쟁적 포지셔닝이 있다.

제품 속성에 의한 포지셔닝은 자사 브랜드를 주요 제품 속성이나 편익과 연계하는 포지셔닝이다. 예를 들면 '죽염치약-잇몸질환 예방 vs. 클라이덴-미백효과', '볼보-안전성 vs. 아우디-속도감'이 있다.

사용 상황에 의한 포지셔닝은 제품을 사용 상황과 용도에 연계시켜 포지셔닝한다. 예컨대 '게토레이/파워에이드'는 운동 후 갈증해소를 위한 음료이고, 크리니크 화장수는 피부 타입에 맞게 구분해 사용하는 화장품이다.

제품군에 의한 포지셔닝은 표적 시장의 소비자들이 특정 제품군에 대해 반감을 갖는 경우, 그 제품군과 다르다는 것을 강조해 제품 전환을 유도하는 것이다. 소비자들이 호감을 나타내는 제품군과 동일 제품군임을 강조한다. 예를 들면 녹차 브랜드는 다른 음료와 달리 다이어트에 도움이 됨을 강조하며, 도브Dove는 기존의 제품과 달리 건성 피부 여성에게 적합한 제품임을 강조한다.

제품 사용자에 의한 포지셔닝은 제품을 사용자나 사용 계층과 연계시켜 포지셔닝하는 것으로, 제품의 모델인 유명인의 이미지와 연결된다. 예를 들면, 밀러 맥주는 출시 초기에 상류층 여성을 위한 제품으로 포지셔닝했다가, 1970년대 초반에 노동자 계층을 위한 제품으로 재포지셔닝하여 성공을 거두었다. '태그호이어-타이거 우즈'의 경우도 이에 해당한다.

경쟁적 포지셔닝은 자사 제품을 경쟁 제품과 직접 또는 암시적으로 연결하는 포지셔닝 전략이다. 예컨대 아비스Avis 렌터카의 "우리는 2위 기업입니다. 그래서 더욱 노력합니다"와 매일유업의 "바나나는 원래 하얗다" 캠페인이 여기에 해당한다.

1 브랜드의 탄생은 어떠한가?

2 브랜드의 역할에 대해서 이야기해 보자.

3 브랜드의 자산이 높은 브랜드로는 무엇이 있는가? 그리고 그 이유는 무엇인가?

4 우리 지역의 브랜드에는 무엇이 있는가?

5 결국 브랜드가 남겨야 할 것은 무엇인가?

베트남 다낭
Danang — FantastiCity

- 인구 121만 명으로, 베트남에서 다섯 번째로 큰 도시이다.

- 남북으로 길게 뻗은 베트남의 허리 부분에 위치한다.

- 베트남에서 가장 인기 있는 관광지로서 중부 관광의 대표적인 도시이다.

● **배경**: 다낭의 '미케 비치(MyKhe Beach)'는 미국 ≪포브스(Forbes)≫지가
선정한 세계 6대 해변 중 하나로, 다낭시는 가장 아름다운 해변을 소유한 도
시로 선정되었다. 선자해 지역은 푸른 야생 숲들로 덮여 있고, 평지에 석회
암으로 된 다섯 개의 산을 목, 화, 토, 금, 수로 이름 붙인 오행산도 있다. 관광
객들은 다낭의 아름다운 해변에서 즐거운 휴식을 취하며, 거대한 자연과 문
화유산의 보고를 탐방하는 희귀한 체험을 한다. 경제적인 면에서 다낭은 매

우 큰 잠재력이 있으며, 개발단계에 있어 발전이 더욱 기대되는 도시다. 2017년 29차 아시아태평양경제협력체(APEC) 정상회의가 개최되기도 했다. 관광업, 부동산업, 사회 인프라 개발 등 많은 부문에서 발전이 이뤄지면서 다낭이라는 도시를 브랜드화하는 데 일조하고 있다.

● **솔루션:** DANANG과 슬로건 "FantanstiCity"가 있는 안정된 밑바탕 위에 구름 도형과 색깔을 배치했다. 로고 형태는 바람을 가득 받은 돛의 이미지를 떠올리게 한다. 시적인 해변도시뿐만 아니라 바다로 나아가 돛이 바람을 가득 받는 이미지를 표현해 젊은 생명력과 강하게 발전해 나가는 의지를 상징한다. 로고를 보면 다낭은 젊고 활발하고 성공을 거듭하는, 매일 발전하는 도시이다. "FantastiCity"라는 슬로건은 Fantastic와 City를 합쳐 멋진 도시라는 뜻이다. 슬로건에는 쉽게 이해할 수 있는 단어를 사용해 오해가 없도록 했다. "FantastiCity!" 끝에 감탄부호를 붙여 재미를 느끼고 행복한 사람이 탄성을 발하는 것처럼 표현했다.

● **성과:** 다낭은 스카이스캐너(Skyscanner)에서 발표한 2015년 여름 여행에 가장 이상적인 관광지 10위 안에 포함되어 있다. 다낭의 관광객은 점차 증가하고 있다. 다낭시 관광국(Danang Department of Tourism)의 2018년도 연차보고서에 따르면 2018년 다낭의 관광산업 규모는 약 10억 달러 수준으로 전년 대비 23.3% 성장했고, 외국인 관광객은 290만 명을 기록해 약 22% 증가하며 내국인을 포함한 전체 관광객 증가율 15.15%(760만 명)를 크게 넘어섰다. 이와 같이 신흥 성장국가에서도 도시브랜딩 활동을 통해 도

시의 경쟁력을 전반적으로 강화하는 성과를 올리고 있다. 다낭의 도시브랜드 성과는 앞으로 더 기대된다.

자료: 서울시 도시브랜드 자료실(https://url.kr/zxsdc8)(검색일: 2022.2.28).

3

커뮤니케이션의 이해

커뮤니케이션은 라틴어 코뮤니스communis, 즉 '공통된, 공유하다'라는 뜻에서 파생되었다. 커뮤니케이션은 혼자가 아닌 상황에서 누군가와 의미를 나누는 행위다. 이는 인간을 사회적 존재로 살아갈 수 있게 한다. 인간의 중요한 활동인 커뮤니케이션은 태어나면서 모방과 학습을 거치는 비형식적인 부분, 읽고 쓰기 및 학교 교육으로 학습한 형식적인 부분으로 이뤄진다.

커뮤니케이션은 인간의 고유한 활동으로 이것을 이해하려는 노력이 필요하다. 커뮤니케이션에 대한 잘못된 이해 중 하나는 커뮤니케이션을 너무 쉽게 생각한다는 점이다. 커뮤니케이션을 잘하기 위해서는 비판적 사고, 언어 능력, 대인 소통 능력을 배워야 한다. 커뮤니케이션은 사람과 사람 사이를 연결하는 힘이다. "인간은 사회적 동물Man is by nature a social animal"[『정치학Politics』]이라고 한 아리스토텔레스Aristotle는 인간의 사회성과 소통의 중요성을 설명하고 있다. 이를 다시 설명하면 소통하는 인간, '호모 코뮤니쿠스Homo Communicus'를 강조한 것으로 이해할 수 있다. '인간은 공유하는 만큼 이해하고 존재하는 커뮤니케이션 동물이다.' 요컨대 커뮤니케이션하기 때문에 존재하는 것이다.

다만 기존의 커뮤니케이션에 대한 인식은 방송과 신문 등 미디어 중심의 매스커뮤니케이션으로 이해된 것도 사실이다. 그러나 우리가 만나는 다양한 커뮤니케이션 상황은 매스커뮤니케이션뿐만 아니라 휴먼커뮤니케이션, 소셜커뮤니케이션, 스마트커뮤니케이션을 모두 포함한다. 잠시도 손에서 놓지 않는 스마트폰과 SNS 접속만을 살펴봐도 이를 쉽게 이해할 수 있다. 이 밖에도 커뮤니케이션과 유사한 개념을 살펴보면 소통疏通, 교통交通, 언로言路: 말길, 의사소통意思疏通, 사회社會가 있으며 이 중에서 소통을 커뮤니케이션과 가장 가까운 의미로 사용하고 있다.

通卽不痛, 不通卽痛(통즉불통, 불통즉통)

이 문장은 한의학 원전인 『황제내경黃帝內經』에 실린 경구인데, '통하면 아프지 않고, 통하지 못하면 아프다'는 뜻으로, 기나 혈의 흐름이 원활하면 병이 없고 원활하지 못하면 병이 생긴다는 의미다. 이처럼 소통은 몸의 건강뿐만 아니라 우리 사회의 건강을 알리는 지표가 된다.

마라톤 평야의 그리스군 전령이었던 페이디피데스Pheidippides 의 "우리가 이겼다!"라는 한마디는 목숨과 바꾼 소중한 커뮤니케이션이었다. 영국 백작의 이름에서 유래한 캔터베리 효과 Canterbury effect는 어떤 이야기를 들었을 때, 자신도 이어서 이야기하고 싶어 하는 커뮤니케이션의 욕구를 잘 표현한다. 커뮤니케이션하고 싶은 욕구의 또 다른 사례로『이솝우화』의 "임금님 귀는 당나귀 귀"를 들 수 있다. SNS의 댓글, 카페트(카카오톡, 페이스북, 트위터)로 불리는 온라인에서의 소통 역시 주목해야 한다. "○○ 옆 대나무숲", "대신 전해드립니다" 등은 이와 같은 소통의 욕구를 잘 보여준다. 쿨리Cooley의 말처럼 커뮤니케이션은 "인간을 사회적 존재로서 살아가게 만드는 도구"라고 할 수 있다. 그렇지만『침묵의 메시지Silent Message』에서 앨버트 머레이비언Albert Mehrabian의 법칙은 사람 간에 의사소통할 때 언어적인 요소만큼이나 비언어적인 요소가 중요하다고 강조한다. 비언어적 요소도 잘 살펴봐야 하는 이유다.

'커뮤니케이션'이란 무엇인가? 이 단어는 라틴 접두어 코뮤니스에서 유래했으며 공유와 공통, 공동체 등과 어원이 같다. 커뮤니케이션은 "우리가 관계 맺고 있는 사람, 혹은 세상을 통해 메시

그림 3-1 **벌로의 SMCR 이론**

Sender	**M**essage	**C**hannel	**R**eciver
커뮤니케이션 스킬	콘텐츠	청각	커뮤니케이션 스킬
태도	성분	시각	태도
지식	처리	촉각	지식
사회 시스템	구조	후각	사회 시스템
문환	규칙	미각	문화

자료: Berlo(1960).

지를 보내고 받고, 해석하는 과정"이라고 정의할 수 있다. 커뮤니케이션의 주요 정의와 요소, 데이비드 벌로David Berlo의 SMCR 이론에 관련한 내용은 다음과 같다.

커뮤니케이션의 주요 정의

- 하나의 마음이 다른 마음에 영향을 미치는 과정
- 자극을 전달하는 과정
- 의미의 전달 과정
- 메시지의 송수신 과정

표 3-1 **SMCR의 내용 설명**

Sender 송신자	기호화 →	Message 메시지	→	Channel 채널	해독 →	Receiver 수신자
소통 기술		내용		청각		소통 기술
태도		요소		시각		태도
지식		처리 방식		촉각		지식
사회 시스템		구조		후각		사회 시스템
문화		부호		미각		문화

커뮤니케이션의 요소

S —— M —— C —— R —— E

송신자　　　메시지　　　채널
(미디어)　　　수신자　　　효과

송신자=발신자와 수신자　커뮤니케이션 행위의 주체

발신자는 커뮤니케이션을 시작하고 메시지를 생성·전달하며, 수신자는 메시지를 받는 사람이자 반응과 피드백을 보이는 주체다. 수신자를 객체라고 하지 않고, 같이 주체라고 한 것은 수신자 역시 '반응-response'이라는 능동적 행위를 하기 때문이다.

메시지와 미디어　행위의 도구

메시지는 발신자가 수신자에게 '전달하고 싶은 정보'다. 미디어는 채널channel이며 정보가 전달되는 통로다. 이 둘은 모두 중요하다. 훌륭한 정보라고 해도 적절한 경로를 타지 못하면 전달되지 않고, 전달된다고 해도 그 정보가 유의미하지 않으면 커뮤니케이션 행위 자체가 필요 없다.

기호화encoding와 해독화 decoding　커뮤니케이션 과정의 기능

발신자가 메시지를 만들고, 반대로 해독은 수신자가 메시지를 받아들이는 방법이다. 전쟁이나 추리소설에서만 암호code를 사용하는 것이 아니라 현재 우리가 만들어내는 모든 메시지들은 암호이며 '발신자의 의도'을 담고 있다.

반응response과 피드백　커뮤니케이션 자체가 의도한 부가 효과

수신자는 메시지를 해독해서 받아들인다. 메시지에 부합하는 행위다. 그 행위가 발신자가 의도한 것이면 메시지는 효과적이고, 반대로 예상하지 않은 행위였다면 암호화 작업이나 메시지가 잘못된 피드백을 준다.

잡음 Noise　커뮤니케이션 과정의 효율성을 결정하는 외부 현상

　모든 커뮤니케이션 과정 중에는 성공 확률을 떨어뜨리는 요소다. 크게는 환경적인 요소나 문화적인 요소들이 있고 언어적인 요소에 의해서도 생겨날 수 있다. 예측 불가능한 잡음이 있다.

- 송신자source = sender의 공신력은 전문성expertness과 신뢰성truth worthiness으로 만들어진다. 『이솝우화』의 「양치기 소년」의 경우는 거짓말을 거듭하면서 신뢰성이 떨어지면서 양치기 소년으로서의 공신력이 사라진 경우다.
- 메시지Message는 언어적 메시지와 비언어적 메시지 두 가지로 나뉜다.
- 채널은 미디어media를 말하며 대면face to face 미디어와 비대면 computer mediated communication: cmc(컴퓨터 매개 커뮤니케이션) 미디어로 나뉜다.
- 수용자receiver, audience는 메시지를 수신하는 사람을 말한다.
- 효과effect는 피드백feed back, 반응이다.
- 잡음noise은 심리적·물리적·의미적 잡음 또는 차폐막screen으로 나뉜다.

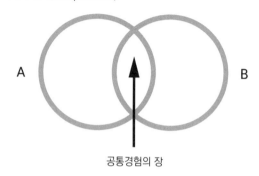

그림 3-2 **커뮤니케이션에서 공통경험의 장**

세팅 상황에서
의미의 해석(interpretation)

A

B

공통경험의 장

커뮤니케이션을 잘하기 위해서는 함께 의미를 해석할 수 있는 〈공통경험의 장 field of experience〉이 중요하다. 두 사람 사이의 의미 해석을 위한 일정한 공통경험은 소통을 더 잘하게 하는 요인이다. 커뮤니케이션을 잘하기 위해서 중요하다. 잘 말하려 하지 말고 잘 들으면 좋은 커뮤니케이터가 된다.

다음 시를 한번 살펴보자. 앞에서 논의한 SMCR 중 이것은 송신자, 저것은 수신자, 오가는 나그네는 메시지로 바꿔 읽어보면 쉽게 제목을 떠올릴 수 있다.

Q. 이 시의 제목은?

이것이 있으므로 저것이 있다.

저것이 있으므로 이것이 있다.

이것과 저것사이 언제나 오고 가는 나그네가 있다.

A. 고은의 시 「커뮤니케이션」(『개념의 숲』, 2009)

커뮤니케이션은 매체별 종류와 상황에 따라 개인 커뮤니케이션, 대인 커뮤니케이션, 소집단 커뮤니케이션, 조직 커뮤니케이션, 공중 커뮤니케이션, 매스 커뮤니케이션, 소셜 커뮤니케이션으로 나뉜다. 연구 주제별로는 문화 커뮤니케이션, 가족 커뮤니케이션, 헬스 커뮤니케이션, 정치 커뮤니케이션, 설득 커뮤니케이션, 비판 커뮤니케이션으로 나뉜다.

커뮤니케이션은 시간과 공간에도 적용된다. 공간학proximity, 그리고 아침과 저녁, 봄·여름·가을·겨울과 같은 시간 역시 일정한 의미를 갖는다. 이처럼 커뮤니케이션의 범위는 매우 다양하다. 그래서 우리는 커뮤니케이션하지 않을 수 없다We can't help but communicate. 아니 반드시 커뮤니케이션을 해야 한다we must(have to) communication.

커뮤니케이션을 잘하기 위해서는 무엇을 먼저 살펴봐야 할까? 효과적인 커뮤니케이션은 먼저 잘 듣는 것에서 시작된다. 역설적으로 듣는 기술art of listening이 소통의 시작임을 알아야 한다.

1　커뮤니케이션의 정의는?

2　커뮤니케이션의 SMCRE 이론을 설명해 보자.

3　커뮤니케이션의 종류에는 무엇이 있는가?

4　도시브랜드의 커뮤니케이션의 활용은 어떠한가?
ex) 도시 공공 캠페인

브라질 상파울루

Sao Paulo — viva tudo isso

(experience it all)

- 브라질 최대의 도시로, 해발고도 800m 고원지대에 위치한다.

- 주변의 위성도시를 포함해 인구 1000만 명의 메가시티이다.

- 커피 생산과 거래 도시로 성장해 브라질 경제에서 중요한 위치를 차지하고
  있다.

● **배경**: 일찍이 산업이 발전하여 브라질에서 가장 경제력이 높은 지역이다. 상
  파울루가 속한 주는 브라질 최대의 인구 밀집 지역이자 경제의 중심지가 되
  었다. 상파울루라는 이름은 『성경』에 나오는 예수의 제자 바울의 이름에서
  유래했으며 1554년 포르투갈 출신 예수회 선교사가 정착한 것이 도시 역사

의 시작이다. 상파울루는 20세기 중반까지만 해도 리우데자네이루에 가려 있었지만, 이후 이민자가 몰리면서 세계적인 도시로 성장했다. 상파울루의 가장 큰 매력은 다양한 인종, 민족과 문화가 함께 하는 곳이라는 점이다. 전세계 어디에도 뒤지지 않을 정도로 다양한 인종과 문화를 배경으로 하는 사람들이 어우러져, 차가운 비즈니스 도시에서 다양한 색깔과 개성을 가진 매력적인 도시로 자리매김했다.

- **문제점**: 상파울루는 남미 지역 특유의 자유와 열정을 느낄 수 있으며, 경제적 풍요에서 비롯된 넉넉함과 여유로움이 도시의 생활 전반에 녹아 있다. 상파울루는 이민사회를 기반으로 다양하게 형성된 생활양식이 조화를 이루어 문화도시의 특징이 있다. 다만 상파울루가 도시브랜딩의 도입을 검토하게 된 것은 다른 세계 도시들과 마찬가지로 브라질에서 개최되는 월드컵과 올림픽을 계기로 마약과 범죄, 빈부 차이 등의 부정적인 인식을 개선하고 국제적인 도시로 도약하기 위해서였다.

- **솔루션**: 2013년에 도시브랜드 로고와 슬로건을 발표했다. 상파울루의 도시 브랜드 로고는 상파울루의 다양한 문화와 사람, 그리고 상파울루를 가운데 두고 방사형으로 형성된 교통망을 표현해 브라질을 넘어 남미의 중심도시라는 이미지를 표현했다. 상파울루의 대담하고 화려하며, 축제 분위기를 전달하기 위한 목적을 갖는다. 네 개의 기둥은 '예상치 못한 색다른 도시 경험', '상파울로에서의 현재 생활의 만족과 즐거운', '다름의 존중', '사람들의 연결과 통합'을 의미한다. "Viva Tudo Isso"라는 슬로건은 '모든 것을 경험하라

(experience it all)' 의미로서 상파울루에서 일어나는 독특하고 놀라운 경험의 다양성과 다수를 강조한다. 이러한 도시브랜딩의 주된 목적은 관광객을 유치하는 것이지만, 내부적으로는 도시의 다양한 문화와 인종들이 화합하고, 서로 간의 신뢰를 통해 도시의 성장을 도모하는 것이다. 또한 도시의 다양한 구성원들이 도시 자체를 포용하고 가치를 부여하는 방법으로 도시브랜드를 채택하도록 장려했다.

● **성과** : 2014년에 지구상의 모든 시선은 브라질에 집중되었다. 상파울루에서는 브라질 월드컵 오프닝을 포함해 여섯 경기가 열렸다. 상파울루에서는 다양한 관광 가능성을 도시브랜드에 적극 활용했다. 세계인의 머릿속에 상파울루의 새로운 정체성을 심어주기 위한 도시브랜딩 활동이 지속적으로 전개되고 있다.

자료: 서울시 도시브랜드 자료실(https://url.kr/zxsdc8)(검색일: 2022.2.28).

4

도시 마케팅

도시 마케팅city marketing은 경제적·사회적·문화적 활동이 집중되는 도시 공간을 관광·비즈니스·쇼핑·문화·주거 등을 위한 매력적인 공간으로 상품화하고 판촉하는 활동이다. 도시의 자원과 역량city power을 목표집단의 욕구에 따라 구성하고 이들에 대한 수용성을 촉진한다. 도시 마케팅은 도시 성장, 경제 발전, 재정수입 증대, 고유 이미지나 정체성의 구축, 기타 문화적 성장과 사회교육, 도시 구성원들의 만족감 증대를 목표로 한다.

도시 마케팅 전략은 고객의 욕구와 필요needs and wants를 확인하는 것에서 출발한다. 도시 마케팅은 공공 부문에 일반 기업의 마케팅 기법과 전략을 도입하는 것을 의미한다. 또 도시 정부가 투표나 납세자 등에 의한 정치적 요구가 아니라 소비자의 욕구, 수요를 바탕으로 한 기업가적으로 접근하는 성장 전략으로 경쟁 시장 분석, 상품 기획, 표적고객의 선정, 판매 활동 등을 주요 내용으로 한다. 글로벌 시대 국가 간의 경계가 무너지면서 자본과 노동 등 생산 요소, 방문객들의 자유로운 이동이 시작되고, 도시 정부들은 투자자나 기업, 관광객, 주거지역을 찾는 주민들을 유치하기 위해 적극적으로 경쟁에 나서고 있다. 도시 마케팅은 이런 경쟁시장에서 앞서가기 위한 성장 전략을 필요로 한다.

코틀러Kotler와 동료 연구자들은 지역발전을 위한 네 단계의 접근방법을 제시했다. 1단계 접근방법은 서비스 개발에 의한 것이다. 학교, 보건, 육아, 행정 서비스 등의 질을 높이는 방법에 의한 도시 삶의 질을 개선한다. 2단계는 도시 재설계 및 기획으로 고층 건물, 높은 인구밀도, 교통 혼잡, 주차난, 공기오염 등의 문제 해결을 통해 도시 발전에 노력한다. 3단계는 경제개발 방법으로, 도시 SWOT 분석을 통해 전략을 개발하고 집행해 성장을 추구한다. 4단계는 전략적 마케팅으로 도시 정부가 경쟁시장에서 지역의 성장과 발전을 추구하는 계획적 접근이다. 도시 마케팅은 지역발전 전략 가운데 마지막 단계의 접근 방법으로, 코틀러와 동료들은 발전 과정을 몇 세대로 구분해 설명했다.

도시 마케팅 1세대는 제조업 유치를 위한 보조금, 재정적 인센티브 경쟁시대다. 2세대는 목표집단 선정, 전략적 마케팅 추구, 목표는 고용창출 외에 창업, 기존 기업, 사업체의 이탈 방지, 관광, 수출 촉진, 투자 유치 등 다양화된 시기이다. 도시 마케팅에서의 경쟁시장 분석과 시장 포지셔닝, 시장 분할, 고객의 욕구 확인과 그에 따른 고유 상품개발 강조의 시기다. 코틀러와 동료들은 미국의 1970~1980년대를 도시 마케팅 2세대로 설명했다. 3세대 도시 마케팅은 1990년대 이후 지역 성장을 위한 경쟁적 포지셔닝 또는 니치적 사고를 특징으로 한다. 표적 산업 분야 선정, 비교우위 창출 전략 도출, 지역 클러스트 조성, 지식과 정보 축적, 열린공간 마련, 기업가 정신 강조, 장소 아이덴티티와 이미지 관리 등은 도시마케팅 전략을 만드는 중요한 요소다.

원주 혁신도시와 기업도시의 사례

혁신도시는 공공기관을 지방으로 이전함으로써, 지역의 발전과 새로운 성장 동력을 창출해 수준 높은 생활환경을 갖추게 되는 새로운 차원의 미래형 도시다. 또한 이전 공공기관과 지역의 산·학·관이 서로 협력해 혁신을 창출·확산해 지역발전을 견인하는 지리적 공간을 말한다.

강원도 원주시 지정면 일대에 조성된 기업도시 사업으로 롯데건설과 하나대투증권, 진양제약, 강원도, 원주시 등이 공동 출자

그림 4-1 **우리나라 혁신도시 지정 현황**

원주시 반곡동
광업 진흥, 건강생명, 관광

진천군 덕산면, 음성군
정보통신, 인력 개발, 과학 기술

김천시 농소면
도로교통, 농업 기술, 전력 기술

대구시 동구 신서동
산업 지원, 교육, 학술 진흥

전주시 완산구, 완주군
농업, 생명, 금융

울산시 중구 우정동
에너지산업, 노동복지

부산시 영도구, 남구, 해운대구
해양수산, 금융산업, 영화 진흥

나주시 금천면
전력산업, 정보통신, 농업 기반

진주시 문산읍
국토 건설, 산업 지원

서귀포시, 서호동
국제 교류, 교육 연수, 국세 관리

했다. 강원도 원주시 지정면 일원 528만 9798.7㎡(약 160만 평) 면
적의 3만 1788명(12,715세대)의 계획인구를 목표로 한 유비쿼터
스 도시로 첨단의료기기 특화단지로 조성되었다.

　도시 마케팅은 도시의 상품화와 고객을 대상으로 한 판촉 활
동으로, 도시 상품의 생산은 집합적 노력을 통해 나타난다. 상품

표 4-1 **원주 혁신도시 공공기관 현황**

자원개발 기능군	대한석탄공사	공공서비스 기능군	도로교통공단 [1]
	한국광해광업공단		국립과학수사연구원
			한국지방행정연구원
건강·생명 기능군	국민건강보험공단	관광기능군	한국관광공사
	건강보험심사평가원		국립공원관리공단
	대한적십자사		
	한국보훈복지의료공단		

생산에 공공 및 민간 부문, 개인, 단체 모두가 협력적 형태로 참여한다. 도시 정부에서는 경제, 산업, 관광, 홍보 관련 부서, 민간 부문에서는 주요 지역기업, 상공회의소, 금융기관, 부동산 개발 회사뿐만 아니라 백화점·호텔·식당·여행사·교통회사 등이 참여한다.

생산하는 상품은 낱개보다는 주로 패키지 형태다. 박물관, 문화유적, 빌딩의 사무 공간, 항만시설, 쇼핑센터와 축제, 스포츠 등의 이벤트, 거리의 안전, 청결함, 기후, 분위기 등이 모여 하나의 상품을 구성한다. 도시 주민들의 외국어 구사 능력, 외국어 표지판, 노동자들의 숙련도, 질서, 친절 등도 중요한 요소다. 도시의 이러한 요소들은 상품의 장소성을 강화한다. 따라서 특정 도시의 상품은 다른 곳에 옮겨가면 상품으로서의 효용을 상실한다.

관광 상품, 축제 등에서 보듯 생산과 소비가 흔히 동일 장소에서 동시에 일어난다. 또 다른 특징은 상품의 유통보다는 오히려 소비자들이 상품을 좇아 이동한다. 도시 공간의 역사성, 고유한 분위기 등이 상품의 핵심 소재이기 때문이다. 가격 결정이나 지불 방식도 기업 마케팅과는 다르다. 대부분 제품의 가격은 생산자가 원가 기준, 경쟁 상품과의 비교 등을 통해 결정된다.

하지만 도시 마케팅 상품 가격의 결정에는 소비자들이 그 상품 소비를 위해 기꺼이 지불·부담·희생하고자 하는 불편비용 등이 중요하다. 가격 지불도 고객이 도시를 방문하는 순간부터 일어난다. 소비자들은 축제 관람 입장료, 오락시설이나 각종 편의시설 이용료, 교통비, 숙식비, 쇼핑 비용 등을 통해 가격을 지불한다. 상품의 생산이나 소비, 가격 지불 과정에서 나타나는 차이는 상품의 사회적 생산과 소비 때문이다.

판촉도 이러한 특징을 반영한다. 도시 상품의 광고나 홍보 예산은 생산과 가격 지불이 집합적인 만큼, 도시 정부와 직접 혜택을 보는 단위들이 공동으로 부담하는 경향을 보인다. 마케팅 4P(제품과 서비스, 가격, 유통, 판촉)는 조직의 목표달성을 위해 통제할

그림 4-2 **마케팅 4P와 4C**

- 마케팅 4P: 제품과 서비스, 가격, 유통, 판촉)
- 4C로의 전환: 제품(product) → 소비자(consumer)
  가격(price) → 비용(cost)
  유통(place) → 편의(convenience)
  판촉(promotion) → 소통(communication)

수 없는 환경 속에서 통제가 가능한 마케팅 요소를 적절히 배합하는 것을 말한다. 도시 마케팅에서는 일반적인 마케팅 상황과 마찬가지로 마케팅 요소들을 통제할 수 있다(Hankinson, 2003). 그러나 도시 마케팅은 일반적인 기업의 제품을 대상으로 한 마케팅과 많은 차이를 고려해야 한다.

도시 마케팅에 한 기존의 연구는 부분 마케팅 믹스를 간과하고 있으며 소수의 마케팅 믹스를 언급하고 있으나 원론적인 수준에서 단순히 4P를 인용하고 있을 뿐이다. 기존의 연구들(Allan, 2004; Cai, 2002; Kotler and Gertner, 2002)에서 일부 요소를 채택 활용하고 도시 마케팅 특성에 맞추어 추가적인 요소를 개발해 〈그림 4-3〉과 같이 ① 문화자원, ② 정책, ③ 인적자원, ④ 이벤트(축제, MICE), ⑤ 인프라, ⑥ 커뮤니케이션 등 여섯 개의 요소를 제시했다. 이 요

그림 4-3 **도시 마케팅 휠**

인적자원

문화자원

이벤트

인프라

정책

커뮤니케이션

소들은 마케팅 전략을 움직이는 필수 불가결한 요소다.

문화자원

문화자원Cultural Resource은 도시에 있는 역사적 또는 문화적 자원으로서 사람들의 관심을 끌 수 있는 매력적인 것을 말하며 관광산업 활성화와 같이 방문객을 유치하기 위해 가장 필요한 자원이다. 역사나 문화는 이 도시의 주민과 선조가 살아가면서 창조해 낸 것, 사용하던 것, 또는 모든 생활양식life style을 포함한다.

따라서 문화자원은 자연물·건축물·발명품·풍습·음식·전설·민속놀이 등으로, 수천 년의 역사를 간직한 것부터 최근에 만들어진 유무형의 모든 것이다. 이러한 조형물, 극장 등과 같은 상징적 건물들을 랜드마크landmark라고 한다. 마케팅 전략에 필요한 자원을 선택할 경우 중요한 것은 역사가 오래되었거나 역사적 사실이 중요하기는 하지만 이것을 마케팅 대상이 어떻게 인식하느냐, 어떻게 느끼느냐가 더 중요하다. 또한 이러한 자원의 매력도가 약할 때는 강하게 만들어주거나, 매력도가 강한 것을 새롭게 창출하는 것이 중요하다. 도시의 문화는 지속적으로 노력하기만 하면 얼마든지 개발이 가능하다.

정책

정책policy은 지방자치단체의 도시 전반에 대한 규제나 보상 등에 관련된 일체의 법규와 활동 등을 총체적으로 말한다. 정책은 주로 산업의 유치나 공장의 유치에 중요한 요소로 활용된다. 그러나 장기적 거주 의사가 있는 외부 지역 거주자나 현재 도시 내에 사는 주민들에게도 그들의 주거지로서 도시를 선택하게 하는 데 중요한 역할을 한다. 지방자치단체는 독립된 입법과 행정 기관으로서 주어진 환경하에서 정책을 충분히 관리하고 통제한다. 최근 전국적으로 활성화되고 있는 산업단지 개발정책, 주택개발정책 등이 그 예다.

인적자원

인적자원human resources은 도시가 갖는 다양한 부류의 사람들로서 마케팅 믹스의 가장 중요한 요소 중 하나다. 도시의 인적자원 중 가장 중요한 사람은 기업의 CEO(회사 대표) 역할을 하는 단체장이다. 단체장의 리더십은 마케팅 믹스 자원 전체의 선택 개발 과정 등에 가장 중요한 영향을 미친다. 지방정부의 공무원으로서 정책을 계획하고 실행하며 평가하는 과정에 열의를 다해 참여한다. 지방정부의 공무원은 또한 주민들에게 행정 서비스를 제공하는 영업사원이나 서비스 직원 역할을 한다.

도시의 주민들은 정책의 모든 과정에 참여할 뿐만 아니라 외부 방문객과의 접점으로서 브랜드 대사brand ambassador(=모델) 역할을 한다. 식당·숙박업소·휴게소·길 등에서 접하는 주민들의 인상이나 태도가 좋지 않을 때는 도시를 재방문하고 싶은 생각을 바꾸고 나쁜 입소문이 퍼질 수 있다. 따라서 주민들은 관광과 관련한 고객들의 경험을 극화하기 위한 중요한 자원이다.

그 이외에도 특정 도시 출신의 유명인사 또한 도시의 중요한 인적자원으로서 도시의 홍보대사로 활용하면 효과적이다(Kotler and Gertner, 2002). 유명인사는 구체화된 이미지나 특성이 있어 쉽게 도시의 이미지나 퍼스낼리티로 연결시키는 장점이 있다. 인적자원은 기업의 투자 유치에도 영향을 미칠 수 있는데 특정 도시가 특정 교육 분야에서 전문성을 인정받고 있을 때 이러한 인적자원을 활용하기 위해 유관산업이 쉽게 유치될 수 있다.

이벤트

이벤트events/activities: MICE는 도시와 관련된 모든 행사나 활동을 포함한다. 이벤트는 전통적으로 주민들 생활의 질을 만족시키기 위한 도시 마케팅의 대표적인 활동으로 시행되어 왔다. 이벤트는 사람들 사이에 직접 접촉하게 하며 엔터테인먼트를 제공해 주는 것이 가장 근본적인 기능으로서 음악이나 예술 등 문화를 중심으로 이루어졌다. 그러나 오늘날 이벤트는 체육·생활 등 다양한 분야에 걸쳐 실행되고 있다.

최근 국내에서 유사한 행사들이 동시다발적으로 이루어지며 장기적인 마케팅 계획 없이 즉흥적이고 일회성으로 시행되는 경우가 많아 낭비가 많다는 점이 지적되고 있다. 이벤트는 도시의 장기적 마케팅 목표를 달성하기 위해 다른 마케팅 믹스와 전략적으로 활용될 때 제 역할을 해낼 수 있다. 이벤트 하나가 장기적이고 전략적으로 잘 계획되어 실행될 때 도시의 세계적인 문화자산이 되는 것을 브라질의 삼바 축제나 영국의 윔블던 테니스 등의 사례에서 확인할 수 있다.

인프라

인프라Infrastructure는 수도, 전기, 에너지부터 숙박 시설, 휴게 시설, 공원 시설 등 산업과 생활에 긴요한 시설이나 설비 서비스를 모두 포함한다. 전통적으로 인프라는 사회 간접자본이라 불리는 전기·수도·에너지·도로 등을 의미한다. 그러나 이제는 관광 안내 표지, 안전하고 유익한 산책로, 친절한 정보 센터 운영 등 서비스 분야에 이르기까지 영역이 확장되고 있다. 인프라는 투자 유치나 관광산업 활성화뿐만 아니라 주민들의 생활수준을 높이는 데도 중요한 역할을 했다. 인프라는 문화자원에 비해 그다지 중요하지 않은 것처럼 보일 수 있으나 고객들의 체험에 결정적인 영향을 주는 경우가 많기 때문에 중요한 요소로 취급된다 (〈그림 4-4〉 참조).

그림 4-4 **원주 소금산 그랜드밸리**

자료: 원주시청(https://wfmc.wonju.go.kr/tour).

커뮤니케이션

커뮤니케이션Communication은 도시의 정책이나, 이미지, 경험 등을 알리기 위한 모든 활동을 포함한다. 전통적으로 주로 활용되어 오고 있는 방법은 광고다.

그러나 광고는 예산의 부담이 높고 일방적 커뮤니케이션으로 고객과 직접 접촉하는 것보다 상호작용interactivity 효과가 낮다. 최근에는 독특한 아이디어를 개발해 홍보 기사화하거나 지방자치단체장(시장)이 직접 홍보의 주역stunt이 되어 도시를 홍보하는 경향이다. 이제는 지방자치단체도 도시의 정책을 기업에 알리는

표 4-2 **2022년 지역축제(1~12월)**

(단위: 개)

서울	부산	대구	인천	광주	대전	울산	세종	경기	강원	충북	충남	전북	전남	경북	경남	제주	합계
24	51	38	17	7	18	21	4	112	104	29	107	75	98	77	121	41	944

〈도시명 + OOO 축제〉

광양 매화 축제

구례 산수유 축제

보령 머드 축제

이천 쌀문화 축제

태백산 눈 축제

화천 산천어 축제

자료: 문화체육관광부 대한민국 구석구석, https://korean.visitkorea.or.kr/kor/bz15/where/festival/festival.jsp.

행사를 개최하기도 하고 농산물 등을 다른 지역민에게 전시 판매하는 등 다양한 활동을 하고 있어 긍정적으로 평가된다.

그러나 중요한 점은 커뮤니케이션 역시 일회성 아이디어보다는 마케팅 믹스 요소를 종합해 장기적으로 하나의 메시지가 되도록 관리하거나 여러 가지 아이디어를 개발해 지속적으로 커뮤니케이션함으로써 혁신적인 이미지를 심어야 한다. 그래야 고객과 좋은 관계를 유지할 수 있다.

브랜딩은 마케팅 환경의 변화에 적응하고자 하는 기업의 노력으로 마케팅 전략의 중요한 분야로 집중 논의되고 있다(Kotler and Gertner, 2002). 고도의 산업화에 따라 부분의 산업이 성숙기 또는 쇠퇴기에 도달하고 기업 간 기술력의 차이가 한계에 이르고 기업 간 제품에 의한 차별화가 어렵게 되었다. 이에 따라, 무형의 요소인 브랜드가 기업 간 차별화의 중요한 요소가 되었고 전통적으로 브랜드 전략에서 중점을 둔 제품 차원의 전략에서 기업 차원의 전략으로 수준이 높아졌다. 기업 차원의 브랜드는 제품 브랜드, 제품의 품질뿐만 아니라 CEO, 직원, 노조 등 인적자원까지도 기업 차원의 브랜드를 구성하는 중요한 요소로 취급된다. 도시브랜드는 이러한 자원을 총체적으로 활용해 가시적인 상징물 symbol로 만들거나 퍼스낼리티를 부여해 살아 있는 인격체로 만들어 주는 역할을 한다(Kotler, 1994).

고도의 산업화에 따라 부분의 산업이 성숙기 또는 쇠퇴기에 도달하고 기업 간 기술력의 차이가 한계에 이르고 기업 간 제품에 의한 차별화가 어렵게 되었다. 이에 따라 무형의 요소인 브랜드가 기업 간 차별화의 중요 요소가 되었고, 전통적으로 브랜드 전략에서 중점을 두었던 제품 차원의 전략에서 기업 차원의 전략으로 수준이 높아졌다. 도시 마케팅에도 이러한 추세가 반영되었다. 전 세계의 경제구조가 산업화에서 정보화로 이행하게 되고 제조업의 거점이 후발 경제국가 중심으로 이전되고, 보다 작은 도시에서 진행되던 1차 산업 역시 사양화를 맞게 되어 도시의 기능이 필연적으로 변화했다. 이에 따라, 전 세계의 많은 도시들이 이미지를 재창출하고 산업기반을 정비해 경제를 활성화하고 주민들의 생활 기반을 개선해야 할 필요성을 절실하게 느끼게 된다. 이러한 상황에서 모든 도시가 기업과 마찬가지로 균질화되었다. 예컨대 어느 도시를 가더라도 훌륭한 숙박시설, 문화유산, 편의시설, 서비스가 있으며 많은 도시들이 투자를 위해 제공해주는 제도적 조건은 대부분 매력적이다.

각 도시는 다른 도시가 제공하지 못하는 독특한 가치를 창출해야 하는 상황에 이르렀다(Morgan, Pritchard and Piggott, 2003). 도시 브랜딩은 도시 간 차별화를 이룰 수 있는 강력한 자산으로 인식되고 있으며, 이제까지 도시가 갖고 있던 이미지가 아니라 고객이 선호할 수 있는 또는 촉진이 가능한promotable 가치 창출이 가장 중요한 과제다.

브랜드 학자인 아커(Aaker, 1996)는 마케팅의 도구로서 브랜드는 네 개의 중요한 역할을 한다고 주장했다. 그 내용은 제품으로서의 브랜드brand as product, 조직으로서의 브랜드brand as organization, 사람으로서의 브랜드brand as person, 상징으로서의 브랜드brand as symbol이다. 도시브랜드 역시 이와 같은 역할을 수행한다. 제품으로서의 브랜드는 도시의 문화자원과 이벤트와 인프라를, 조직으로서의 브랜드는 지방자치단체와 정책을, 사람으로서의 브랜드는 인적자원을, 상징으로서의 브랜드는 도시에 관련된 모든 시각적 이미지, 문화자원 및 이벤트가 전달해 주는 상징적 의미들을 포괄적으로 나타내기 때문에 브랜딩은 도시 마케팅 전략의 중요한 도구가 된다. 때로 도시브랜드는 도道와 같이 다수의 지방자치단체가 모여서 하나의 브랜드로 활용한다. 시, 군, 읍과 같은 하위 브랜드가 서로 협력해 마케팅 활동을 벌일 경우 시너지 효과를 나타낸다. 비슷한 위치에 있는 도시들이 유사한 테마로 외부 투자자나 관광객을 유치하는 것이 하나의 도시가 기본적으로 마케팅하는 경우보다 훨씬 효과적이다.

마케팅에서의 경쟁은 반드시 제로섬zero sum 게임은 아니다. 윈윈win-win 게임이 되는 경우도 많음을 명심해야 한다. 브랜딩은 브랜드 이미지를 수립하는 것이거나 멋있고 눈에 띄는 로고나

그림 4-5 **횡성 안흥찐빵**

캐릭터를 개발하는 것이 아니다. 지방자치단체의 이름 속에 가치나 문화를 담도록 하며 고객의 경험을 극화하는 과정이다(Cai, 2002; Morgan, Pritchard and Piggott, 2002). 도시브랜딩은 보다 체계적이고 전략적인 사고를 요하는 작업이다. 미국 퍼듀 대학교의 리핑Liping A. Cai 교수는 도시브랜딩의 한 형태인 관광 브랜딩 tourism branding을 "관광객의 구체적인 생각, 감정 및 연상을 환기시키는 목적지의 독특한 이미지를 수립하는 것, 방문 경험에 가치를 부가하는 역할을 한다"라고 했다.

브랜드의 원산지city of origin(또는 made in, origin home)는 도시에서 만들어진 상품의 마케팅에 영향을 미친다(Kotler and Gertner, 2002). 브랜드의 원산지 사례로는 전주 한지, 치악산 한우(횡성 한우), 횡성군 안홍찐빵 축제 등이 있다.

도시 마케팅에 대한 연구가 전 세계적으로 점점 활성화되고 있으나 도시 마케팅 개념에 대한 정의나 이해가 충분치 않은 상황이다. 대표적인 경우가 마케팅을 판매로 보는 시각이다. 이들은 도시 마케팅을 도시를 파는 것으로 정의한다(구동회, 2004; 유우익, 1995; Martin, 1996). 이러한 시각은 마케팅의 기본 사상과도 맞지 않을뿐더러, 도시 마케팅의 목적을 이윤 확보와 같은 경제적인 것으로만 생각할 가능성이 있다. 또한 도시 마케팅을 연구하는 많은 이들이 아직도 도시 마케팅을 단순히 주어진 제품을 통해 이미지를 전달하는 것으로 이해하거나, 전통적인 마케팅 믹스의 하나인 프로모션promotion, 즉 판촉 개념에만 집중하는 경향이 있다. 마케팅의 근본적인 개념은 고객이 좋아할 만한 가치 있는 것을 개발해 그들을 만족시키는 데 있으므로 이미 준비된 자원을 어떻게 고객에게 알릴까 하는 문제보다는 고객이 좋아할 만한 것을 개발하는 과정이 더욱 중요하다.

새로이 제시한 마케팅 믹스 요소 중 문화자원·정책·이벤트 등은 4P 믹스의 기준으로 보면 제품에 해당하는 요소다. 따라서 도시 마케팅에서 이 요소를 어떻게 개발할 것인지를 논의하는 것이 도시 마케팅의 출발점이다. 이를 바탕으로 적절하게 마케팅 믹스를 활용하는 것이 도시 마케팅 전략의 핵심이다. 추가로 강조해야 할 부분은 지방자치단체장의 리더십과 참여다. 이 두 요소는 도시 전체의 비전과 전략의 조정 및 통합 문제를 좌우한다. 모든 이해관계자의 참여와 통합은 도시 마케팅의 성패를 결정한다 (Allan, 2004).

성공 사례로 인텔 공장을 유치한 코스타리카가 있다. 투자 대상국 목록에 들어 있지 않던 코스타리카는 각계각층의 이해관계자가 네트워크를 이루어, 라틴아메리카의 최대 경제국인 브라질, NAFTA의 일원이며 인텔에서 가장 근접한 멕시코 등의 강력한 경쟁 국가를 물리치고 1996년 인텔의 라틴아메리카 해외 생산 공장을 유치했다. 도시 마케팅 연구는 여전히 초보적인 수준에 있으며, 마케팅 분야 연구보다 행정이나 도시개발 분야 등의 연구가 활성화된 실정이다.

도시 마케팅에 대한 그릇된 인식 탓이다. 이를 고려해 도시와 마케팅에 관련한 개념 이해에 중점을 둔다. 향후에는 이러한 개념적 토대 위에 구체적이고 유용한 전략들이 적극적으로 연구되기를 기대한다.

1 도시 마케팅의 정의를 말해보자.

2 도시 마케팅의 사례를 설명해 보자.

3 우리 지역의 도시 마케팅에는 무엇이 있는가?

4 도시 마케팅과 브랜딩의 필요성과 향후 전망은 어떠한가?

미국 필라델피아
Philadelphia — Life, Liberty, and You

- 펜실베이니아주에서 가장 큰 도시로, 미 동부에 위치한다.
- 독립전쟁에서 중요한 역할을 한 역사적인 도시이자 문화, 역사, 예술의 도시
  이다.
- 자유의 종탑과 박물관, 미국 의회의 발상지이자 첫 번째 수도로서 미국인들에
  게 사랑받는다.

- **배경**: 필라델피아시(City of Philadelphia)는 그리스어로 사랑을 뜻하는 '필
  로스(philos)'에 형제를 의미하는 '아델포스(adelphos)'를 합해 도시 이름이
  되었다. 필리(Philly)라는 애칭이 붙은 이 도시는 우애의 도시(The City of
  Brotherly Love)로 불린다. 17세기 퀘이커교도에 대한 영국 정부의 박해를
  피해 신대륙으로 건너간 윌리엄 펜이 작명했다고 한다. 자유와 평등에 대한

이상이 깃든 필라델피아는 미국의 탄생지이며, 미국의 수도였다. 유네스코 문화유산으로 등재된 필라델피아의 독립기념관은 미국의 헌법이 제정된 곳이다. 미국의 국기인 성조기가 최초로 만들어진 곳으로서 미국의 첫 소방서, 백화점, 병원, 대학이 설립되었다. 필라델피아를 논의할 때 반드시 기억해야 할 부분은 미국 독립의 중심이 되었던 곳이라는 점이다.

- **솔루션**: 많은 역사적인 기념물들이 지금도 도시의 상징으로 남아 있는데 미국독립기념관(Independence Hall), 국립헌법센터(National Constitution Center)와 함께 또 하나 유명한 미국 독립의 상징이 자유의 종(Liberty Bell)이다. 지금은 깨어져 더 이상 울리지는 않지만, 식민시대를 깨뜨리고 독립을 쟁취한 자유와 민주주의의 상징이다. 미국독립기념관에 보존되어 있는데. 미국의 지폐나 우표에서도 종종 볼 수 있는 미국의 대표적인 상징물이 되었다. "모든 땅 위의 모든 사람들에게 자유를 공표하라(Proclaim LIBERTY throughout all the land unto all the inhabitants there of)"라는 문장이 새겨져 있는데, 미국의 독립 정신과 정체성을 잘 나타낸다. 자유의 종은 필라델피아의 도시 로고로 활용이 된다. 자유의 종을 통해 필라델피아의 새로운 핵심 가치를 현대적으로 재규정하고자 했다. 태그라인에 삶(Life), 자유(Liberty), 당신(You)이라는 문구를 넣어 자유, 평화, 정의, 번영 네 가지 가치를 필라델피아에서 실현하겠다는 의지를 나타냈다.

- **성과**: 필라델피아는 항상 사람들이 훌륭한 일들을 만들어내는 곳이다. 미국의 자유와 평등의 기초가 만들어진 곳이며, 유명한 예술 작품부터 업계를 변

화시킨 혁신, 성공적인 회의와 기억에 남는 여행을 제공한다. 필라델피아는 최초의 스타트업 도시이며, 그곳에서 피어나는 창의력은 오늘날 다양한 분야의 많은 창작자들에게 영향을 주고 있다. 역사적인 유산과 기억을 도시의 정체성으로 삼고, 현대의 발전을 재해석하려는 노력이 지금의 필라델피아 브랜드를 성공으로 이끈 원동력이다.

자료: 서울시 도시브랜드 자료실(https://url.kr/zxsdc8)(검색일: 2022.2.28).

5

도시브랜드의 크리에이티브

크리에이티브creative란 무엇일까? 광고, 디자인뿐만 아니라 생활 속에서도 '크리에이티브'라는 말이 많이 사용된다. 크리에이티브creative는 '창조적인, 독창적인'으로 주로 번역되지만, 광고 현업에서 '광고 제작'이라는 의미로 사용한다. 그 밖에도 광고를 제작하는 과정이나 광고의 표현 등으로 널리 사용되며, 광고를 만드는 사람들을 뜻하기도 한다. 회사에 따라서는 부서의 이름이나 광고 제작물을 의미한다. 이렇게 다양한 뜻이 있는 크리에이티브에 대해 알아보자. 사전에 "창조적인, 창조력 있는, 창작적인, 독창적인"으로 설명되는 형용사 '크리에이티브creative'는 명사형인 '크리에이티비티creativity'로 통용된다.

영어의 creativity, creativeness, creative thinking, creation, originality, invention, imagination, insight 등의 의미를 포함한다. 라틴어 creare to create, make가 어원이며, 고대 그리스에서 유래한다. 당시에는 천재성의 개념으로 창조적 재능을 의미했다. 기독교 시대에는 종교적 해석을 중심으로 예술은 창조성의 영역이 아니라 공예라는 견해가 지배적이었고, 르네상스 시대에 와

그림 5-1 레오나르도 다빈치, 라파엘로, 미켈란젤로

서 창의성에 대한 감각과 독창성에 대한 논의가 본격적으로 다뤄졌다.

레오나르도 다빈치, 라파엘로, 미켈란젤로와 같은 대표적인 예술가들이 활동하던 시기다. 18세기 계몽주의 시대에 와서 창조의 개념은 예술 이론에 등장했고 상상력과 연결되어 과학·심리학·비즈니스·커뮤니케이션·디자인 영역으로 확대되었다.

크리에이티브의 중요성은 첫째, 설득 커뮤니케이션의 도구, 둘째, 정보 제공의 도구, 셋째, 관계 형성의 도구로서 기능한다는 점이다. 디지털 시대를 맞으면서 혁신적인 크리에이티브의 사례가 캠페인으로 등장했다. 크리에이터가 알고 배워야 할 분야는 매우 넓어졌다. 변화를 주도하고 문제를 해결할 수 있는 크리에이티브가 그 어느 때보다 중요한 시대다. 크리에이터Creator (cf. MCN)라고 하는 조물주造物主, CRETOR는 무에서 유를 창조, 즉 세상을 만든 창조주다. 광고회사에서는 광고를 만드는 일에 참여하는 카피라이터, 디자이너, CM플래너, 크리에이티브 디렉터CD 등을 크리에이터로 부르는데, 이때는 대문자가 아닌 소문자 creator로 쓴다. 광고를 만드는 사람들은 "유有에서 새로운 유를 창조"하는 작은 조물주다. 크리에이티브를 무無에서 유를 창조하는 것으로 생각하기 쉽지만, 크리에이티브는 세상에 있던 것을 새로운 창조물로 다시 만들어내는 재창조의 과정이다. 광고 크리에이티브는 광고 제작과 같은 말로 쓰이지만, 여러 가지 뜻이 있다. 크리에이티브는 작은 생각에서 시작된다. 미국의 심리학자 윌리엄 제임스는 다음과 같은 이야기를 남겼다.

생각이 바뀌면 행동이 바뀌고
행동이 바뀌면 습관이 바뀌고
습관이 바뀌면 인격이 바뀌고
인격이 바뀌면 운명도 바뀐다

작은 생각의 변화가 운명까지도 바꿀 수 있다는 이야기이다. 생각의 전환을 위해 잘 알려진 퀴즈 하나를 생각해 보자. 학교 교육을 통해 정답을 찾는 연습에 익숙한 우리는 문제를 보면 습관적으로 정답을 찾으려고 노력한다. "얼음이 녹으면 어떻게 될까요?" 이런 질문에는 수업의 성격과 상황에 따라 전혀 다르게 답을 할 수 있다. 어쩌면 정답은 없고 해답만 있을 뿐이다.

Q. 얼음이 녹으면 어떻게 될까요?

A1. 물

A2. 봄

A3. 지구온난화

A4. 교통사고

과학 시간이라면 A1의 물이 정답이겠지만, 때에 따라서는 봄이 되거나, 지구온난화의 결과일 수도 있고, 교통사고를 유발하는 블랙아이스가 될지도 모른다. 이러한 기계적인 접근은 고정관념이나 수직적 사고에 따라 학습한 대로 답을 하게 한다. 또 다른 예를 보자. 텔레비전 오락 프로그램에서 '단어 연상 퀴즈'를 푸는 상황을 떠올려 보자. 유치원 어린이가 엄마에게 열심히 설명을 한다.

단어 연상 퀴즈

어린이: "이것이 없으면 노래를 못 해요."

엄마: ???

유치원 어린이가 설명한 '이것'은?

노래를 하기 위해서는 당연히 악보가 준비되거나 선생님의 반주가 있어야 한다. 다만, 설명을 하는 유치원 어린이의 눈높이를 고려해 볼 필요가 있다. 문제의 답은 악보나 반주가 아닌 '시작'이라는 말이었다. 유치원에서 선생님은 늘 노래를 시작하기 전에 "시작"을 외쳤기에 유치원 어린이는 이를 당연한 답으로 생각한 것이다. 크리에이티브는 이렇게 자연스러운 생각, 아이디어가 만든다. 크리에이티브의 출발점이 되는 '아이디어'란 무엇일까?

아이디어란?

기존에 있던 것들의 새로운 조합New combination of old things

有에서 새로운 有를 만든다.

광고인 제임스 웹 영James Web. Young은 저서 『아이디어 발상법』에서 아이디어가 거창한 것이 아닌 "기존에 있던 것들의 새로운 조합"이라고 했다. 앞서 조물주가 무에서 유를 만든 것과 달리 크리에이티브는 유에서 또 다른 유를 만든다는 것을 다시 한번 떠올려 보면 이해가 될 것이다.

크리에이티브를 설명하는 또 다른 말 중에 하나가 인테러뱅Interrobang이다. ‽(인테러뱅)은 의문(?)과 감탄(!)을 동시에 나타내는 감탄의문 부호이다. 수사학적 질문이라는 뜻의 라틴어 '인테로가티오interrogatio'와 감탄사를 의미하는 인쇄 언어 '뱅bang'을 합성한 조어다. 비표준 문장부호로 물음느낌표를 의미하는데, 생각하는 물음표와 행동하는 느낌표를 조합해 의문의 해결에만 그치지 말고 보다 혁신적인 해법을 찾아내자는 뜻이다. 1962년 미국의 광고회사 사장 마틴 스펙터Martin Speckter(1915~1988)가 창안했으며, 창조적 지성을 알리는 마크로 사용되면서 널리 알려졌

표 5-1 **주요 아이디어 발상법**

No.	아이디어 발상법	내용
1	여섯 색깔 모자 (Six Thinking Hats)	서로 다른 여섯 색깔의 모자를 쓰고 다른 관점으로 토론하거나 같은 색 모자를 쓰고 같은 관점을 이야기하는 방법
2	명목집단법 (Nominal Group Technique)	사람들의 생각을 토론 없이 적고 이를 취합해 상대방의 의견에 방해받지 않으면서 많은 의견을 수렴할 수 있음.
3	브레인스토밍 (Brainstorming)	머릿속에 폭풍이 몰아치듯, 여러 사람이 짧은 시간에 많은 아이디어를 낼 때 사용되는 대표적인 아이디어 발상
4	백워드 매핑 (Backward Mapping)	문제 해결에 대한 아이디어가 필요할 때, 고민 중인 문제가 해결된 미래를 상상. 가상의 타임라인을 그려 미래부터 현재까지 거꾸로 내려오면서 변화 과정을 생각함.
5	브레인라이팅 (Brainwriting)	브레인스토밍할 시간이 없거나 회의를 적극적으로 참여하기 어려울 때, 브레인스토밍을 대신하는 발상법
6	규칙 파괴 (Break the Rules)	주제에 대한 정설, 학설, 표준, 규범, 법칙 등 기존의 규칙을 없앴을 때 나타날 현상을 아이디어로 제시
7	마인드맵 (Mindmap)	자신의 생각을 지도로 이미지화해 '생각의 지도'를 그리는 발상법. 주제로 시작해 나무로 여러 가지를 뻗어가면서 인사이트를 얻음.
8	어휘 선정하기 (Alternative Words)	주제의 동의어, 혹은 반대말 리스트를 작성해 새롭게 생각해 보는 방법. 간단하지만 효과적임.
9	체인지 더 세팅 (Change the Setting)	카페, 시장, 극장, 공원, 서점 등 영감을 주는 장소를 찾아감. 장소의 변화만으로 영감을 얻을 수 있음.
10	강제 결합법(Force Fit)	반대되는 단어와 조합해 아이디어를 얻는 방법. 문제를 잘 표현하는 단어를 선정한 후, 대립되는 단어와 결합함.
11	이미지 검색 (Image Search)	구글, 핀터레스트, 네이버 등의 사이트에서 주제와 관련된 키워드로 이미지 검색, 또는 무작위로 이미지를 찾아 아이디어를 얻는 방법. 때론 이미지가 아이디어를 가져옴.

No.	아이디어 발상법	내용
12	도전적 진술법 (Provocative Operation)	불가능하고 엉뚱한 아이디어로부터 시작해 현실적인 아이디어를 도출하는 방법.
13	다른 사람 신발 신기 (Other People's Shoes)	캐릭터를 설정하고 그 사람의 입장을 떠올려 보고, '그 사람이라면 어떻게 해결했을까?'를 생각해 아이디어를 도출함. 자신의 관점에서 타인의 관점으로 전환하는 장점
14	5번의 왜 (Five Whys)	문제의 근본 원인을 파악하기 위해 왜(why)를 다섯 번 이상 질문하는 방법.
15	사다리 기법 (Laddering)	사다리를 오르내리듯 단계별로 정의하는 방법. 아이디어에 대한 예를 떠올려 질문함.
16	은유 활용 (Metaphor)	주제와 관련이 없어 보이는 것을 은유적으로 비교해 생각하는 방법. 낯선 것을 기존의 것과 비교
17	사망 토론 (If Game)	가정법을 활용 '만약'이라는 질문으로 재미있는 생각을 내는 방법. 다양한 가정으로 사고의 틀을 깨는 아이디어 발상법
18	다양성 귀 기울이기	사람의 오감(시각, 청각, 후각, 촉각, 미각) 중 활용해 아이디어를 얻는 방법. 의도적으로 사용하지 않았던 감각에 집중해 아이디어를 냄.
19	결점 열거법 (Bug List)	대상의 단점을 열거한 뒤 개선하기 위한 아이디어를 찾는 발상법. 세상의 모든 발전은 불만의 개선에서 시작했다는 점을 착안함.
20	희망점 열거법	결점 열거법의 반대. 주제에 대해 기대하는 바를 적어 희망 사항을 이루는 아이디어 발상법. 현상에서 떨어져 바람을 추구하기 때문에 혁신적인 해결책을 기대할 수 있음.

자료: 차유철·김병희·이희복(2010).

다. 인지 욕구를 해결하는 과정에서 아이디어를 얻게 되는 크리에이티브의 특성을 설명한다.

그렇다면 아이디어를 얻는 방법에는 무엇이 있는지 알아보자. 주요 아이디어 발상법 20가지를 살펴보면 여섯 색깔 모자, 명목집단법, 브레인스토밍, 백워드 매핑, 브레인라이팅, 규칙 파괴, 마인드맵, 어휘 선정하기, 체인지 더 세팅, 강제 결합법, 이미지 검색, 도전적 진술법, 다른 사람 신발 신기, 5번의 왜, 사다리 기법, 은유 활용, 사망 토론, 다양성 귀 기울이기, 결점 열거법, 희망 열거법이 있다.

수직적 사고는 '기성 개념 안에서의 수직적 발전'이며, 수평적 사고는 '기성의 지식에 의존하지 않고 시점을 바꿈으로써 해답을 이끌어내는 사고'다. 수직적 사고가 기존의 지식과 경험에 비추어 논리적으로 옳고 그름을 판단하는 사고라면, 수평적 사고는 이미 형성된 인식 패턴을 깨뜨리고 새로운 인식과 개념을 끄집어내 변화를 찾는다. 수직적 사고는 전통적인 사고로 논리적이다. 하나의 사고가 연속적으로 한 정보에서 다음 정보로 발전되기 때문에 수직적이며 기존의 학교 교육을 통해 수직적 사고에 익숙해 있다. 또 다른 아이디어 발상법 브레인스토밍을 알아보자.

• 브레인스토밍의 네 가지 규칙

① 다른 사람의 발언을 비판하지 않는다.

② 자유분방한 발언을 환영한다. 몽상도 좋다.

③ 질보다 양을 중요하게 여긴다.

④ 다른 사람의 아이디어에 무임승차한다.

• 브레인스토밍 잘하는 일곱 가지 비결

① 초점을 명확히 한다.

② 놀이하는 기분으로 참가한다.

③ 아이디어의 수를 헤아린다.

④ 힘을 축적해 도약한다.

⑤ 장소를 활용해 기억을 일깨운다.

⑥ 정신의 근육을 긴장시킨다.

⑦ 신체를 사용한다.

브레인스토밍할 시간적 여유가 없거나, 회의에 참석하는 일부가 내성적인 성격으로 회의에 적극적으로 참여하지 못하는 경우가 있다. 이런 브레인스토밍의 문제점을 보완하기 위해 만들어진 발상법이 브레인라이팅Brainwriting이다. 아이디어를 말 대신

글로 표현하는 방법으로 6-3-5기법(여섯 명이 한 조를 이뤄 세 개의 아이디어를 5분 동안 작성)이 대표적이다. 다음으로는 '만다라트'와 '아이디어 발상 5단계', '연상적 발상법'이 있다.

• **만다라트**

쉽고 빠르게 아이디어를 만들어낼 수 있는 만다라트를 소개한

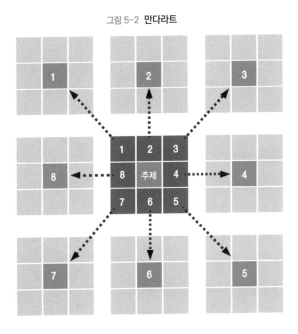

그림 5-2 **만다라트**

다. 만다라트Mandal-Art는 일본의 디자이너 이마이즈미 히로아키今泉浩晃가 개발한 발상 기법으로 manda + la + art가 결합된 용어다. 아홉 개의 빈칸으로 만들어진 큐브 중앙에 주제를 적고 이를 중심으로 떠오른 단어를 주변의 여덟 개 칸에 채워 넣는다. 이렇게 만들어진 여덟 개의 키워드는 다시 주변의 여덟 개 큐브의 중앙에 위치시킨 후 재빠르게 연상된 단어를 적어 넣으면 순식간에 80개의 아이디어를 추가로 얻을 수 있다(〈그림 5-2〉 참조).

이 밖에도 제임스 웹 영James Webb Young의 '아이디어 발상 5단계'와 존 케이플즈John Caples의 '연상적 발상법'을 활용하면 새로운 아이디어를 얻는 데 유용하다. 세부 내용은 다음과 같다.

• 제임스 웹 영의 아이디어 발상 5단계

① **자료 수집**Ingestion: 도움이 될 모든 것을 수집한다. 자기 자신의 마음속에서 시작해 모든 서류와 자료를 찾아 모으는 단계이다.

② **소화 단계**Digestion: 모든 정보를 검토하고 서로 관련이 있고 해결할 문제를 생각해 본다. 말 그대로 섭취된 내용을 잘 소화하여 내 것으로 만드는 단계이다.

③ **숙성 단계**Incubation: 문제를 잊어버리고 다른 일을 한다. 집중에서

벗어나 무의식 상태에서 자유로운 휴식 시간을 갖는다. 암탉이 알을 품는 것처럼 인내가 필요한 시간이다.

④ **유레카 단계**Illumination; Eureka: 어느 순간, 아르키메데스Archimedes 가 외쳤던 것처럼 번쩍하고 머릿속을 스치는 생각이 떠오를 때가 있다. 이것은 전혀 예기치 못했던 시간과 장소에서 경험하게 된다.

⑤ **검증 단계**Verification: 좋은 아이디어는 콘셉트와 잘 맞아야 한다. 당장 좋아 보인다고 모두 빅 아이디어라 할 수 없다. 다른 관점에서, 타인의 눈으로 한 번 더 아이디어를 검증할 필요가 있다.

• 존 케이플즈의 연상적 발상법

① 자신의 개인적인 경험을 이용하라.

② 자신의 경험을 체계화하라.

③ 마음에서 우러나오는 것을 써라.

④ 다른 사람의 경험에서 배워라.

⑤ 제조회사와 논의하라.

⑥ 상품에 대해 연구하라.

⑦ 상품의 이전 광고를 검토하라.

⑧ 경쟁사 광고에 대해 연구하라.

⑨ 고객의 증언을 연구하라.

⑩ 잠재 고객의 문제점을 해결하라.

⑪ 잠재의식을 일에 활용하라.

⑫ 성공한 광고를 다양하게 바꿔 반복해 사용하라.

1. 크리에이티브란 무엇인가?

2. 도시브랜딩에서 크리에이티브가 왜 필요한가?

3. 나는 크리에이티브한가?

4. 도시의 문제를 크리에이티브한 방안으로 성공적으로 해결한 캠페인의 사례를 소개해 보자.

호주 시드니

Sydney —
There is no place in the World like Sydney

- 호주의 대도시로 뉴사우스웨일스주에 위치한 주요 도시이다.

- 하버 브리지와 오페라 하우스, 아름다운 해안선이 유명하다.

- 인구 531만 명의 호주를 대표하는 도시로, 여행객들에게 사랑받는 도시이다.

● **배경**: 호주에서 가장 오랜 역사를 간직한 시드니는 호주 개척의 출발점이 된 도시로서 뉴사우스웨일스주의 주도이다. 시드니는 호주의 관문으로서 매년 호주의 국제 관광객의 절반 이상을 유치하고 있다. 또한 호주의 금융 서비스 분야, 창조 산업, 예술과 미디어의 본고장으로서, 호주 500대 기업 중 거의 절반이 있다. 세계 3대 미항으로 평가받는 숨 막히게 아름다운 항구와 시드

니의 상징 오페라 하우스, 하버 브리지와 해변이 펼쳐진 아름다운 도시이다. 우수한 환경을 바탕으로 시드니는 전 세계 주요 도시들 가운데 '살기 좋은 도시' 순위를 평가하는 영국 'EIU(The Economist Intelligence Unit)'의 2018년도 도시평가 보고서 "Global Liveability Index"에서 세계 140개 도시 가운데 5위를 차지할 정도로 상위권 도시로 평가받고 있다.

● **문제점**: 시드니의 도시브랜딩은 2000년 올림픽을 계기로 전개되었다. 올림픽 개최지로 선정된 2년 후부터 호주 관광 관계자들은 본격적으로 호주 브랜딩과 올림픽을 연계하기 위해 지속적으로 노력했으며, 올림픽을 전후해서는 매력적인 시드니라는 이미지를 전 세계에 알리기 위한 사업을 체계적으로 전개했다. 도시브랜딩 전략의 일환으로, 2004년부터 시드니를 더욱 세계적인 도시, 현대적인 도시로 부각시키기 위해 새로운 브랜드 캠페인 "There is no place in The World like Sydney"를 실시했다.

하지만 2000년대 중반 실시한 시드니에 대한 인식 조사를 보면, 시드니의 강력한 자산 및 성공에도 불구하고 관광, 비즈니스 행사, 기타 경제적 건강성을 드러내는 여러 가지 지표에서 호주의 여타 도시를 비롯한 해외 다른 도시에 비해 경쟁력 기반을 잃어가고 있다는 결과를 나타냈다. 실제로 시드니의 강력한 자연 자산과 그로 인한 성공은 특정 이미지를 갖추고 높은 동기 부여와 능력을 겸비한 경쟁 도시의 공격적인 포지셔닝에 비해 상대적으로 취약하다는 평가가 있었다.

특히, 너무나도 아름다운 자연과 환경적인 요소는 오히려 시드니에 부정적인 영향을 미치고 있었다. 너무나도 아름다운 환경이 시드니의 예술·문화·

경제 등 다른 요소들의 우수성을 상쇄시킬 뿐만 아니라 오로지 레저와 관광에 적합한 도시라는 한정된 이미지만 부각시키는 문제점을 안고 있었다. 아름다운 항구와 '역대 최고의 메가 이벤트'를 개최하는 것이 지속적인 도시브랜드의 번영으로 자동 전환되지는 않는다는 점을 뒤늦게 깨달았다.

- **솔루션**: 시드니는 '최고의 도시브랜드'라는 칭호를 받은 후인 2008년 8월 처음으로 도시브랜드를 정의하고 명료하게 제시할 전략에 착수했다. 2010년에 새로운 도시브랜드 로고를 발표했다. 시드니의 새로운 로고는 이 도시의 세계적인 상징을 활용해 만들어졌다. 시드니는 전 세계적으로 새해 전야도시로도 알려져 있다. 시드니는 세계 최고의 이벤트와 눈부시게 화려한 불꽃놀이를 펼쳐 최고의 새해맞이 도시로 높은 명성을 얻었다. 이 이벤트를 즐기기 위해 세계적으로 사랑받는 도시 시드니로 매해 150만 명 이상이 모여든다.

- **성과**: 시드니는 미래 지향적인 도시마케팅을 전개하고 있다. 'GREEN Sydney' 이미지 구축을 통한 선도적 친환경 도시로의 성장을 목표로 하여, 'Sydney 2030'과 같은 지속 가능한 발전을 추구하는 정책 추진과 국제도시 브랜드에 걸맞은 행사 유치를 위한 다각적 노력을 전개하고 있다. 시드니의 도시 경쟁력은 하룻밤 사이에 만들어지지 않았다. 도시의 경쟁력을 지속하기 위한 연구 개발이 엄격하고 강력하게 이루어졌고, 시드니의 핵심 이해관계자들이 이를 실행하기 위해 광범위하게 연대했다. 시드니는 국제 인지도, 도시 환경 및 이미지, 경제 및 교육의 기회, 도시의 매력 및 재미, 안정적 사회기반시설 구비 및 믿을 수 있는 도시 치안, 지속 가능한 발전 가능성 분야

등에서 고루 경쟁력이 높다. 시드니가 가진 모든 가능성을 효과적으로 홍보할 수 있는 다양한 전략을 수립하고 시행함으로써 그 홍보 효과를 극대화하는 데 성공했다.

자료: 서울시 도시브랜드 자료실(https://url.kr/zxsdc8)(검색일: 2022.2.28).

6

도시브랜드와 슬로건

우리 국민 10명 중 아홉은 도시에 산다. 우리나라의 도시화율은 92%로 도시를 빼놓고 대한민국을 이야기하기 어렵다. 출생, 성장, 교육, 취업, 결혼, 거주 등 삶을 영위하는 배경이 바로 도시이다. 국내에서 발생하는 대부분의 문제는 도시와 관련이 있다. 도시 경쟁력이 국가 경쟁력을 좌우하는 시대다(임성은·임승빈·최창수, 2014). 미디어의 폭발과 세계화의 급속한 진행으로 도시를 비롯한 장소 브랜드place brand는 전 세계를 대상으로 마케팅을 하게 된다.

다양한 분야에서 브랜드의 활용이 늘어나면서, 도시를 브랜드로 인식하고 마케팅과 커뮤니케이션을 활용해 브랜드 자산으로 구축해야 할 필요성이 커졌다. 각 도시는 해외 투자자 유치와 관광객 유입을 위해 캠페인을 하면서 주로 역사적 사건, 자연환경, 특산물을 토대로 차별화 전략을 펼쳤다(John and Katherine, 2012). 국가와 지역, 지방, 도시 그리고 건물은 대표적인 장소 브랜드이며, 그중에서 도시브랜딩은 방문자, 투자자, 기업과 거주민에게 초점을 맞춰 도시의 감성적 이미지를 높이기 위해 노력을 기울인

그림 6-1 세계 주요 도시의 브랜드 슬로건

다(김유경, 2004; Kerr, 2006; Sonya et al., 2011).

그러나 지난 십여 년 동안 지속적으로 노력해 온 결과와는 무관하게 커뮤니케이션 수단은 제대로 관리되지 않았고, 브랜딩도 성공적이지 않았다(Miriam, 2008; Erick and Sebastian, 2010). 안홀트(Anholt, 2006)의 도시브랜드 순위 발표와 유럽 도시브랜드지수(Hildreth, n.d.) 발표 등으로 최근 몇 년 사이 도시브랜드 담당자의 관심과 참여가 높아졌고, 더 나아가 도시브랜딩은 발전을 이루었다.

이후 도시는 소비자의 마음에 긍정적인 연상을 심어주고자 다양한 노력을 펼쳐왔다. 서울을 브랜딩하는 것은 단순히 도시브랜드 측면뿐 아니라 대한민국의 수도로서 국가브랜드를 구성한다는 의미도 있다. 무한경쟁시대에 각 도시 간의 인적·물적 교류와 더불어 도시브랜드의 전략적 관리가 요구된다. 그러나 도시브랜딩이 가장 중요한 장소 브랜드임에도 불구하고 이 분야의 연구는 매우 부족한 형편이다.

서울 도시브랜딩의 경우에도 전략적으로 타깃 오디언스가 브랜드 개성에 대해 어떻게 인지하는지에 대한 연구가 필요한 시점이다. 이러한 연구 결과를 토대로 도시브랜딩 전략의 목표를 설정할 수 있다. 정책적으로 브랜드 자산의 이해는 물론이고, 브랜딩 실제에서 브랜드 개성을 적용해 보다 나은 결과를 얻는 데 도움이 된다.

서울시 도시브랜딩 연구의 이론적 토대를 이루며 향후 도시브랜딩을 위한 브랜드 커뮤니케이션 과정에서 전략적인 역할을 할 슬로건 개발의 실무적·정책적 가이드라인을 제공한다. 도시는 필연적으로 브랜드가 된다. 브랜드의 의미는 그 어원에 잘 나타나 있다.

브랜드는 '불에 달구다', 또는 '각인시키다'라는 노르웨이의 고어 'Brandr'에서 유래되었다. 브랜드는 단순한 자기주장에서 벗어나 차별화와 이미지 구축을 위한 폭넓은 의미로 받아들여진다. 도시가 브랜드를 도입함에 따라 마케팅과 커뮤니케이션으로 타깃 오디언스와 소통하고 공감하는 하나의 전략이 자리 잡았다. 20세기 이후 빠르게 진행된 글로벌화로 장소 브랜딩의 필요성이 커지고, 여행 자유화와 관광산업의 발달로 세계는 국경 없는 하나의 '지구촌'이 되었다. 따라서 도시브랜딩은 전 지구적으로 경쟁이 치열해지면서 훌륭한 시설, 멋진 자연환경과 문화유산, 정책적 지원 등 장소의 잠재력을 앞세워 경쟁한다(박상훈 외, 2010).

도시브랜드는 주변 도시들과의 차별성, 도시 상품의 판매, 기업 유치와 같은 경제적 효과뿐만 아니라, 거주민들의 삶의 질 제고, 자부심 등과 같은 무형의 가치에도 커다란 영향을 미친다. 브랜드는 기업, 상품 또는 서비스 브랜드와 같이 유형 또는 무형의 자산 가치다(김정호·문철수, 2010). 슬로건을 "지름길의 수사학"이라고 한다. 도시브랜드 슬로건의 경우에도 해당 도시의 커뮤니케이션 목표를 지름길처럼 효과적으로 전달한다. 그러나 최근에 브랜드가 다양한 분야에서 강조되고 브랜딩 활동이 전개되면서 브랜드 슬로건의 역할이 점차 커지고 있다.

도시브랜드 슬로건에 대한 높은 관심에 비해 전략적 운영이 미숙한 형편이며, 관련 프로그램도 부족하다는 보고가 이어진다. 슬로건과 브랜드에 대한 개념의 혼동이 있으며, 브랜드 아이덴티티를 구축하고 슬로건 등 브랜딩이 전략적으로 운용되지 않았다. 도시브랜드 슬로건에 대한 연구는 언론학, 커뮤니케이션학 이외에, 리처드슨과 코헨(Richardson and Cohen, 1993)에 의해 관광 홍보 분야에서 실시된 이후 마케팅과 디자인, 언어학 등 국내외 다양한 학문 분야에서 계속되고 있다.

글로벌 시대를 맞아 광역시를 비롯한 시도의 브랜드 자산 구축을 위해 브랜드 슬로건 연구의 필요성이 제기되었다. 도시를 하나의 브랜딩으로 보고 이를 계획·관리·운영할 수 있지만, 성공적인 브랜딩은 쉽게 만들어지지 않는다. 도시는 브랜딩을 위한 장기적인 비전과 수행 전략을 세워야 한다. 서울의 경우 아시아에서 가장 가난한 도시 중 하나였지만, 1980년 이후 아시아에서 일본 다음으로 잘사는 나라의 수도로 발돋움하면서 역동적이고 현대적이며, 세련된 도시로 변모했다. 한국전쟁으로 폐허가 된 서울은 완전히 재건되어 활력이 넘치는 도시가 되었다.

서울은 장기적인 도시 계획이 얼마나 중요하며 전략이 어떠해야 하는지를 잘 보여준다(Kapferer, 2007). 1986 아시안게임, 1988 올림픽과 2002 월드컵을 개최하고, ASEM 등 세계적인 회의를 유치한 도시로서 높은 국제적 위상이 있었지만, 배타적이며 불친절한 사람들, 불편한 교통과 환경, 좋지 않은 기업 여건 등 부정적 이미지 때문에 세계 일류 도시로 성장하는 데 한계가 있다.

서울을 대외적으로 알리고, 긍정적이며 국제도시로서의 면모를 갖춘 서울로 도시 이미지를 구축하는 데 시민 참여를 유도하기 위해 슬로건 공모를 실시했다. "하이 서울Hi Seoul"은 2002년 10월 28일 시민의 날에 발표되어, 세계를 향해 열려 있는 서울시의 친근함과 한 단계 높은 지향점을 향해 정진하는 서울시의 이미지를 나타냈다. "하이 서울"은 서울시 공모에 응모한 7283건(외국인 110명)의 안을 서울 마케팅 자문위원들이 1, 2차로 심사하고, 브랜드 전문 업체와 시 직원, 시 출입 기자단을 대상으로 설문 조사와 타당성 분석을 거쳐 선정했다. '하이'는 전 세계 사람들이 가장 많이 쓰는 영어 인사말로 밝고 친근한 서울의 메시지와 다양하며 활기찬 서울의 매력을 지구촌에 전달하기 위해 사용되었다.

친근한 인사말로 시민들이 서로 가까운 이웃임을 확인하게 하고, 지역·계층 간 화합으로 같은 고향처럼 편안함을 제공했다. 대한민국 수도를 넘어 지구촌 시대의 세계적 도시로서 서울의 비전을 제시했다. 서울의 관광, 상품 마케팅, 문화, 투자 유치 등 특수 목적에 이용할 수 있는 부제 슬로건과 어울려 활용될 수 있도록 대표 이미지를 구현했다. 2002년 월드컵을 계기로 서울시가 "하이 서울"을 브랜드 슬로건으로 내세우고 대대적으로 홍보 활동을 시작하자, 각 지방자치단체들도 지역브랜드 슬로건과 심벌을 앞다투어 개발했다. 지방자치단체들은 도시브랜드 슬로건을 비롯한 도시브랜딩을 꾸준히 도입했다. 각각의 지방자치단체는 도시의 명칭만으로 해결할 수 없는 부분을 보완하기 위해, 지역의 특색 및 핵심 가치를 포함한 차별적인 커뮤니케이션 메시지를 담은 도시브랜드 슬로건을 개발했다(김소연, 2009).

서울시는 지방자치 민선 4기를 맞아 도시 경쟁력 확보 차원에서 도시 디자인 사업을 추진했고, 이를 도시 마케팅 수단으로 확대해 '유네스코 창의도시 네트워크'에 가입했다. 매력적인 도시 경관과 도시브랜드 가치의 관계를 분석해 상대적으로 낮게 평가받는 서울의 도시 디자인과 브랜드 가치를 높였다. 도시의 경관이 매력적일수록 도시브랜드의 가치가 높다(Anholt, 2006). 건축이나 공원이 아름다운 도시 등 세계에서 가장 매력적인 10대 도시(*Forbes*, 2008)는 도시브랜드 가치가 상위권이다. 서울은 60개 도시 중 브랜드 가치 44위, 경관 관련 매력 54위였다(백선혜 외, 2008). 서울시는 민선 4기 들어 새로운 슬로건을 발표했다. 슬로건의 명칭은 "Hi Seoul, SOUL OF ASIA"였다. 이 슬로건은 서울 시민들의 의견을 수렴한 뒤 여론 조사 및 분석을 통해 선정되었다. 슬로건의 의미를 살펴보면 사전상 '정신, 기백, 열정, 정수' 등 다양한 뜻으로 사용되는 soul(혼)을 핵심 요소로 사용하고, 'soul'의 발음이 Seoul과 유사하다는 점에 착안해 이미지를 동일화했다.

"SOUL OF ASIA"는 다양한 아시아의 문화를 포용하고 융합해 서울 문화의 진수를 보여준다는 의미로, 전통 위에 디지털 첨단 문명이 어우러져 곧 세계의 중심으로 도약한다는 의미였다. 슬로건은 동양의 인식 체계에서 삼재(三才)에 해당되는 '천, 지, 인' 사상과 더불어 오방색(五方色)에 기초한 적·청·황의 역동성, 생명력, 우주의 중심임을 표현했다. SOUL OF ASIA를 고딕체로 표현하고, Hi의 글자 크기를 작게 해 안정감을 줬다. 기존 '하이 서울' 자체에 쓰인 색채 요소가 너무 많았음을 고려해 색동 막대의 색상을 기존과 동일하게 단순화했다. 2011년 11월 11일부터 11월 17일까지 공모를 통해 997편의 슬로건을 접수하고 인터넷 투표를 거쳐 이 중 여섯 개를 추려냈다. 그중에서 시장·시민·전문가 등이 심사해 "함께 만드는 서울, 함께 누리는 서울"을 선정했다. 35대 서울시정 슬로건이 결정되었다. 서울시가 그동안 일방적으로 개발해 사용해 오던 슬로건과 달리, 시민의 다양한 아이디어와 서울에 대한 염원이 담겨 있는 슬로건을 공모해 35대 서울시정 슬로건이 결정된 것이다.

서울의 비전에 대한 고민을 시민과 나눔으로써 서울시정을 함께 만들어간다는 의미에서 추진되어, 시민과의 적극적 소통과 시민 참여의 기회를 늘렸다는 평가를 받았다. 2014년 민선 6기 출범과 함께 서울의 슬로건은 "희망서울"에서 "함께 서울"로 바뀌었다. 도시브랜드의 자산 요소를 평가하고 지수화해 지방자치단체의 브랜드를 전략적으로 관리했다.

NBRC(2014)의 한국 지방 브랜드 경쟁력지수에 따르면, 서울의 경우 주거, 관광, 투자 환경을 균형 있게 알린 것으로 나타났다. 이 지수는 도시브랜드 자산을 투입과 성과로 구분하여 주거 환경, 관광 환경, 투자 환경, 전반적인 경쟁력, 브랜드 태도, 브랜드 애호도 여섯 개 차원으로 표준화해 1만 3650명의 국민에게 설문 조사한 결과이다. 서울 도시브랜드 슬로건의 의미는 다음과 같다.

첫째, 시민의 참여와 공감, 자긍심을 높여준 시민 주도형 슬로건

둘째, 슬로건의 확장성을 이용한 개방형 슬로건

    (I.Market.U   I.Busking.U   I.Concert.U)

셋째, 다양한 캠페인과 연계한 통합형 슬로건

넷째, 목표공중에게 관심과 참여를 높여준 PR(홍보)형 슬로건

다섯째, 기존 도시브랜딩과 차별화되는 크리에이티브 슬로건

도시 사이의 경쟁이 치열해질수록 도시는 브랜딩 구축에 관심을 기울인다. 도시는 점점 더 커다란 규모의 혈세를 마케팅 비용으로 사용한다. 그러나 캠페인 결과를 측정하기는 어렵다. 따라서 기존의 마케팅 개념에서 장소 마케팅의 효과 측정 도구를 가져와 그중 소비자 자산이나 고객 만족 등의 개념을 사용해 이론과 실제의 차이를 메우고 후속 연구의 토대를 마련해야 한다.

서울은 효율적인 브랜드 아이덴티티(정체성=열정, 공존, 여유)를 전달한 국내 중소도시의 모범 사례다. 글로벌 도시브랜드로서 도시의 정체성을 강화하고 관리해 나감으로써 파리, 뉴욕, 싱가포르와 어깨를 나란히 하는 강력한 도시브랜드로 자리매김하고 있다.

세계 유수 언론과 전문가들에게 브랜딩 성과를 인정받기에는 서울의 브랜딩 전략이 아직 미미한 수준에 그치고 있고 브랜딩 정책 또한 여전히 희미하다. 서울이 펼친 다양한 정책적 노력은 긍정적이라기보다 부정적인 시각에서 비판의 대상이 되어온 것이 사실이다. 도시브랜드 및 도시브랜딩에 대한 정확한 이해와 전략의 필요성에 따라 앞으로도 도시브랜딩 전략에 대한 관심과 노력은 계속되어야 한다.

세계 20개국, 2만 명 이상의 패널을 대상으로 설문 조사한 안홀트 GMI(2014)의 도시브랜드 지수의 경우 크게 여섯 가지 척도로 평가한다.

① **존재감**: 방문 여부와 도시 지식, 문화·과학 등에 대한 국제적 기여도 등 존재감

② **장소**: 기후, 공해 등 오염도, 건물 등의 외관 매력도 등

③ **기초 조건**(인프라): 호텔, 학교, 공공 터미널, 스포츠 시설 등 필수
　 기관 등

④ **사람**: 시민의 개방성과 친절도, 언어와 문화 공유, 안전 등

⑤ **라이프스타일 생동감**: 생활의 흥미, 매력 등

⑥ **잠재력**: 구직의 용이성, 사업의 용이성, 방문자의 경제활동 가능성,
　 고등교육의 용이성 등

서울은 50개 주요 도시 중에서 존재감presence, 장소place, 기초조
건prerequisite, 사람들people, 생동감pulse, 잠재력potential(http://www.
simonanholt.com/Research/cities-index.aspx)으로 2006년 44위,
2007년 33위보다 순위가 올라갔다. 이는 앞에서 살펴본 서울 도
시브랜딩의 다양한 노력의 결과로 해석된다. 2014년 보도에 따
르면 미국 경제지 ≪포브스≫에서 서울을 세계에서 16번째로 영
향력 있는 도시로 선정했다. 여기서 런던이 1위, 도쿄는 5위, 베
이징이 8위였으며, 서울은 미래에 10위 안에 오를 수 있는 '떠오
르는 스타Rising stars'로 인정받은 것이다.

각 슬로건은 국문과 영문, 국영문 혼합으로 사용 중이다. 서울,

표 6-1 **광역시의 슬로건 현황**

광역시도	국문명	영문명	비고
서울	너와 나의 서울	I.SEOUL.U	2015.10.28~
		Seoul, my soul	2023.4
부산		Dynamic BUSAN	
		Busan is GOOD	2023.1.13
대구		Colorful DAEGU	
		Poweful DAEGU	2023.1
인천	모든 길은 인천으로 통한다	all ways INCHEON	2016.10.13
광주		Your Partner GWANGJU	2002.9.24
대전		Daejeon is U	2020.9
울산		ULSAN The Rising City	2017.7.13
세종	세상을 이롭게 세종특별자치시		2012.
	세종이 미래다		2022.
경기도		GO GREAT	2021.1.5
강원도	소득 2배 행복 2배 하나된 강원도		
충청북도	생명과 태양의 땅 충북		
	중심에 서다		2023.7
충청남도		CHUNGNAM Heart of Korea	
전라북도	천년의 비상 전라북도		

전라남도	생명의 땅 전남	Full of Life, JEONNAM	
경상북도		Pride GYEONGBUK	
경상남도		Bravo GYEONGNAM	2015.6.29
제주도		Only JEJU	

인천, 경기, 전남의 경우는 CI에 국영문이 함께 적용되었다. 서울에서 도시브랜드 슬로건을 변경한 이후 인천, 울산, 대전이 변경했고, 다른 도시도 슬로건을 비롯한 도시브랜딩 전략을 수립하고 있다. 다만 전략을 토대로 한 슬로건의 도출이 요구된다. 서울을 비롯한 16개 광역시도는 모두 슬로건을 활용하고 있다. 2015년 서울에서 도시브랜드 슬로건을 변경한 이후 인천과 울산, 대전, 경기도가 새로운 슬로건을 마련했으며, 많은 광역시도에서 새로운 브랜드 전략을 고민 중이다. 서울시 도시브랜딩은 국내 도시뿐만 아니라 세계적으로 주목받는 브랜딩 사례다.

경기도의 경우, 2021년 1월 "경기도의 정체성과 미래 비전이 오롯이 담긴 대표 상징물을 통해 경기도민이 자긍심을 가질 수 있게 하겠다"라며 새롭게 개발한 대표 상징물과 영문 슬로건을 소개했다. 새로운 GI는 경기도 이름의 한글 초성 'ㄱ, ㄱ, ㄷ'을 상

그림 6-2 **광역자치단체 도시브랜드 슬로건 비교(2008 vs. 2020)**

광역시/도	브랜드		광역시/도	브랜드	
	전(前)	후(後)		전(前)	후(後)
서울	Hi Seoul SOUL OF ASIA	I·SEOUL·U	강원		강원시대
부산	Dynamic BUSAN	Dynamic BUSAN	충북	B(G) 경제특별도 충북	생생충북
대구	Colorful DAEGU	Colorful DAEGU	충남		더 행복한 충남 대한민국의 중심
인천	Fly Incheon	all ways INCHEON	전북		천 년 의 비 상 We Make History
광주	Your Partner Gwangju	파주 대한민국!	전남	녹색의 땅 전남	생명의 땅 으뜸전남
대전	It's Daejeon	Daejeon is U	경북	Pride GyeongBuk	새바람 행복경북!
울산	Ulsan for you	U ULSAN	경남	feel GyeongNam	Bravo Gyeongnam
경기	함께하는 경기도	새로운 경기 공정한 세상	제주		Only Jeju

자료: 한국지방행정연구원(2020).

징적으로 표현했다. 초록색으로 표현한 'ㄱ, ㄱ, ㄷ'의 상단은 하나의 길로 곧게 뻗어 나가는 경기도를 의미하고, 파란색으로 표현한 'ㄱ, ㄱ, ㄷ'의 하단은 직선과 곡선의 조화를 통해 유연하면서도 강직한 경기도를 의미한다.

2005년 개발된 영문 슬로건 '세계 속의 경기도Global inspiration'도는 시대 적합성과 지속가능성 등을 고려해 16년 만에 "Go Great"로 교체되었다. 'Daejeon is U'는 직관적으로 '대전이 바로

6. 도시브랜드와 슬로건 **149**

그림 6-3 **경기도 BI와 슬로건**

당신이다'라는 의미로, 대전시의 핵심 가치가 시민임을 내포했다. 아울러 'U'는 사람만을 한정하는 것이 아닌 사물·장소·자연·문화 등 대전이 품어왔고 현재 갖고 있으며 앞으로 추구해야 할 가치를 총망라하는 무한한 가능성과 상상을 의미한다. 최근 부산시는 기존의 "Dynamic Busan"을 "Busan is Good(부산이라 좋다)"으로 교체했다. 마지막까지 고려되었던 최종 후보로는 "Bridge for all, Busan(모두를 연결하는 부산)", "True Place, Busan(진정한 도시 부산)"가 있었으나 2만 5000명의 시민들은 "Busan is Good"을 선호한 것으로 알려졌다. 이로써 20년간 사용해 온 "Dynamic Busan"은 수명을 다했다.

"Busan is Good"은 부산에 대한 자긍심과 만족감을 '좋다Good'로 표현한 점과 '엑스포하기 좋은 도시, 부산Busan is good for Expo',

그림 6-4 **부산 도시브랜드 슬로건 "Busan is Good"**

'살기 좋은 도시, 부산Busan is good to live' 등과 같이 다른 의미와 연결해 활용하기 좋은 점 등이 높이 평가받은 것으로 알려졌다. 또한 GOOD은 세계적global, 특색 있음original, 개방open, 역동성still dynamic의 뜻을 담았다는 설명이다. 다만 앞으로의 슬로건 개선이 어떤 브랜딩 효과를 나타낼지 주목된다.

설득의 수사학으로서 슬로건은 마케팅과 커뮤니케이션 수단 이상의 의미가 있다. 설득과 수사가 넘치는 오늘날, 브랜드와 캠페인뿐만 아니라 일상 속 슬로건은 '인식의 전장'에서 유용한 수단 중 하나다. 미디어와 소비자가 똑똑해진 스마트 시대에 사람과 사람 사이를 연결하는 소통의 기본은 변하지 않는다. 슬로건의 의미와 기능, 전략과 포지셔닝을 토대로 올바른 슬로건 전략에 대한 논의는 계속되어야 한다. 넘치는 정보 속에서 슬로건은

그림 6-5 슬로건 전략

SLOGAN

Story : 이야기를 담아라

Language : 언어의 힘을 활용하라

Originality : 독창성이 있어야 한다

Going : 지속하면 머리에 남는다

Aciton : 행동을 요구하라

Newness : 새로움은 차별화된다

소통의 도구가 될 것이다.

효과적인 슬로건 제작을 위한 '슬로건SLOGAN' 전략을 제안한다. 슬로건 전략은 '이야기story, 언어language, 독창성originality, 지속성going, 행동action, 새로움newness'의 머리글자로 각각을 잘 포함할 때 오래도록 사랑받을 수 있다.

첫째, 슬로건은 이야기

둘째, 슬로건은 언어

셋째, 슬로건은 독창성

넷째, 슬로건은 지속성

다섯째, 슬로건은 행동을 요구

여섯째, 슬로건은 새로움

　슬로건은 쉽게 만들어지고 빨리 사라지는 것이 아닌 '가까이 두고 오래 사귄 벗[親舊]'이 될 때 힘을 가질 수 있다. 더 많은 성공 슬로건과 캠페인이 만들어져 소비자에게 사랑받는 설득의 수사학이 될 수 있다. 첫째, 슬로건은 이야기다. 등장인물, 갈등, 전개, 메시지를 담은 이야기는 힘이 있다. 화장품 브랜드 시세이도의 "남자는 떠나고 여자는 또 아름다워진다"처럼 슬로건 안에 이야기를 담으면 된다. 둘째, 슬로건은 언어다. 슬로건은 다양한 운율로 리듬감이 있어야 한다. 웅진코웨이의 "깐깐한 물"은 형용사면서 브랜드의 성격을 보여주어 경쟁사와 차별화하는 힘이 있다. 셋째, 슬로건은 독창성이다. 남다른 주장이 있으면 좋다. 제일모직의 "우리 옷의 첫 단추는 고객입니다"는 고객 만족과 업業의 개념을 연결한 장점이다. 넷째, 슬로건은 지속성이다. 1984년부터 시작된 유한킴벌리의 "우리 강산 푸르게 푸르게" 캠페인은 같은 슬로건으로 국민들의 머릿속에 자리한다. 처음 만들어진 이후 지금까지 사용되었기 때문에 가능한 일이다. 다섯째, 슬로건은 행동 요구다. 미국인의 아침 식단을 바꿔놓은 썬키스트의 "Drink an Orange"는 과일을 주스로 만들어 먹도록 구체적인 행동을 요구한다. 여섯째, 슬로건은 새로움이다. 새로운 콘셉트와 방법으로 소비자에게 다가가야 한다. 레간자는 "쉿! 소리 없이 강하다"라는 슬로건으로 자동차의 정숙성을 강조해 차별화했다.

도시브랜드는 목표공중과 소통하기 위해서 다양한 브랜딩 활동이 요구된다. 이제 도시브랜드 담당자가 아니더라도 시민이라면, 그리고 도시와 공존을 희망하는 모든 수용자라면 도시브랜드의 커뮤니케이션에 참여해야 한다. 그 한가운데 도시브랜드 슬로건이 있다. 도시city를 도시답게 만들고 시민에게 사랑받을 수 있도록 도시의 콘셉트를 만들어 도시의 아이덴티티를 구축하고 브랜드로 성장시켜야 한다. 도시브랜드 슬로건의 아홉 가지 가이드라인인 '도시브랜드 슬로건 9 CITY 전략'을 제안한다(이희복, 2017).

도시브랜드 슬로건 9 CITY 전략

SimpliCITY(단순함)

단순함SimpliCITY의 원리는 매우 중요하다. 도시의 분석에서 도출된 자기만의 강점과 기회 요인을 하나의 키워드, 하나의 문장으로 정리할 수 있어야 한다. '작고 가벼운'보다는 '가장 작은'이 더 강력할 수 있다. 단순함simplicity은 광고 캠페인에서 말하는 독특한 판매 제안USP: unique selling proposition, 단일 소구 제안SMP: single minded proposition과 관련 있다. '자신 없으면 줄이고, 자신 있으면 완전히 줄이는' 자신감이 요구된다. 두 마리 토끼보다는 한 마리 토끼가 더 잡기 쉬운 법이다. 단순한 슬로건이 전략적이다.

AuthentiCITY(진정성)

진정성AuthentiCITY은 변화된 미디어 환경으로 스마트해진 시민들에게 설득력을 지닌다. 잠깐 동안 많은 사람을 속일 수 있고, 오랫동안 몇 사람을 속일 수 있다고 믿었던 과거와 달리 이제는 실시간으로 모든 것이 공개된다. 도시가 지닌 참모습을 가감 없이 드러내는 솔직함이 전달력을 갖는다. 도시의 허장성세를 장

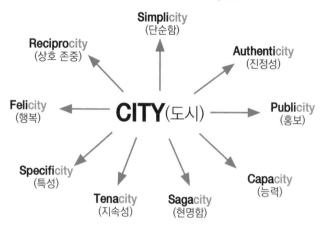

그림 6-6 **도시브랜드 슬로건 9 City 전략**

Simplicity
(단순함)

Reciprocity
(상호 존중)

Authenticity
(진정성)

Felicity
(행복)

CITY(도시)

Publicity
(홍보)

Specificity
(특성)

Tenacity
(지속성)

Sagacity
(현명함)

Capacity
(능력)

황하게 늘어놓는 것보다 사실을 토대로 한 진정성 말이다. 진정성은 시장의 시정 목표도 아니고 선거에 사용된 구호도 아니다. 같은 목표를 함께 공유할 수 있는 내용이어야 한다. 진정성 있는 슬로건이 전략적이다.

PubliCITY(홍보)

오늘날 시민은 일정한 주제에 대해 일정한 문제의식과 주인의식을 함께 가진 공중public이다. 따라서 이들에게 도시를 알리기 위해서는 홍보의 노력이 필요하다. 다만 공보나 광고와 달리 홍보는 시민의 마음을 얻는 과정이므로 홍보PubliCITY 가치를 지닌 콘텐츠여야 한다. 슬로건은 일방적인 전달이 아니라 쌍방향의 균형 잡힌 소통이어야 한다. 따라서 주장이나 호소가 아닌 공감과 사랑을 바탕으로 만들어져야 한다. 마케팅과 커뮤니케이션에 두루 사용될 수 있는 슬로건이 전략적이다.

CapaCITY(능력)

슬로건은 매우 다양한 역할을 한다. 캠페인 전반에서 핵심 메시지를 전달하고 캠페인을 이끌어야 한다. 이는 단순히 한 번 쓰고 버려지는 일회용 헤드라인과는 다르다. 능력capacity 있는 카피나 슬로건은 하나로도 충분히 의미를 전달한다. 완전한 메시지로 구성된 슬로건은 그 자체로, 또는 다양한 미디어에서 활용된다. 따라서 쉽게 만들어지고 잠깐 쓰여서는 안 된다. 능력 있는 슬로건이 전략적이다.

SagaCITY(현명)

현명함도 슬로건이 갖춰야 할 덕목이다. 설득의 수사학으로 다양한 표현과 장식이 요구된다. 운율을 활용하는 방법, 또는 의미와 구조, 화용話用으로 수용자의 주의를 집중시켜 자연스럽게 기억하고 발음하게 해야 한다. 이를 위해 슬로건은 쉬우면서도 의미를 담아 현명sagacity하게 만들어져야 한다. 공모전을 통한 일반 시민의 제안보다는 수사적 표현과 비유 등 전문성을 갖춘 카피라이터에 의해 만들어지는 것이 옳다. 현명한 슬로건이 전략적이다.

TenaCITY(지속)

지속TenaCITY이란 슬로건이 쉽게 만들어지고 자주 바뀌어서는 안 된다는 것을 의미한다. 시장이 바뀐다 해서, 또는 시간이 지났다고 해서 슬로건을 바꾸는 우를 범해서는 안 된다. 지속은 적어도 상당 기간, 캠페인이 지속되는 동안에는 슬로건을 바꾸지 않겠다는 약속이다. 담배 브랜드 말보로의 카우보이와, 유한킴벌리의 '우리강산 푸르게 푸르게' 캠페인의 힘은 바꾸지 않는 뚝심에 있다. 쉽게 만들고 빨리 없애는 시행착오는 없어야 한다. 지속되는 슬로건이 전략적이다.

SpecifiCITY(특성)

남다른 무엇이 슬로건에 담겨야 한다. 어디서 본 듯한, 심지어 동일한 슬로건을 사용하는 것은 차별화가 되지 않는다. 자신만의 특성SpecifiCITY을 드러내 전달할 때 차이를 알 수 있다. 남과 같다면 특성이라 할 수 없으며 차별화가 아닌 동일화로 인해 불필요한 시간과 재원만 낭비하게 된다. 도시의 콘셉트를 선정하고 이를 커뮤니케이션에 활용할 때, 그리고 슬로건을 만들 때 반드시 유사한 슬로건이 있는지 확인해야 한다. 표절과 모방의 혐의가 슬로건에 씌워진다면 불행한 결과가 나타난다. 특성 있는 슬로건이 전략적이다.

FeliCITY(행복)

시민을 행복하게 하는 것이 좋은 슬로건이다. 부정보다는 긍정적인 내용으로 구성하되 시민과 방문객, 투자자 등 목표공중에게 브랜드의 이미지를 잘 전달해야 한다. 삶의 질, 즉 행복felicity한 브랜드 연상이 많은 도시일수록 세계에서 가장 살기 좋은 도시, 최고의 도시로 평가받을 수 있다. 그러나 추상적인 내용보다는 확실한 약속을 보여줘야 한다. 왜 그것이 가능한지를 설명해야 한다. 행복한 슬로건이 전략적이다.

ReciproCITY(상호 존중)

도시는 시민과 공존하며, 시민에게 브랜드로 존재한다. 브랜드는 마케팅과 커뮤니케이션 과정에서 시민을 비롯한 다양한 목표공중과 파트너십으로 상호 존중reciprocity 관계를 유지·발전해 가야 한다. 도시와 시민이 같이할 수 있는 가치를 제시하고 동의를 얻을 때 비로소 도시는 존재할 수 있다. 슬로건은 메시지로서 상호 존중을 표현해야 한다. 상호 존중하는 슬로건이 전략적이다.

단순함, 진정성, 홍보, 능력, 현명, 지속, 특성, 행복, 상호 존중은 도시브랜드 슬로건의 가이드라인으로 참고할 수 있다. 도시브랜드 슬로건 9 CITY 전략은 전가의 보도이거나 만병통치약은 아니다. 그러나 도시를 알리고 도시를 소통하는 데 기본적인 이해를 줄 것이다. 슬로건은 몇 마디의 말이나 짧은 문장이 아니다. 도시의 정체성을 알리고 대내외에 도시를 보여주는 핵심 전략이다. 도시를 차별화하고 도시의 경쟁력을 높여 시민의 삶의 질과 만족도를 높이고 나아가 행복한 공동체로 유지 발전시켜 나가기 위한 전략임을 유념해야 한다. 여기서 도시브랜드 슬로건 전략의 작은 생각이 시작되고 만들어졌으면 하는 바람이 간절하다.

1 기억에 남는 도시브랜드 슬로건이 있다면 말해보자.

2 도시브랜딩(브랜드 커뮤니케이션)에서 슬로건의 역할은 무엇인가?

3 슬로건이 만들어지는 과정을 살펴보자.

4 도시브랜드 슬로건 9 CITY 전략에 따라 우리 지역의 도시브랜드 슬로건을 비평해 보자.

그리스 아테네

ATHENS — This is Athens

- 고대그리스의 정치, 예술, 교육, 철학의 중심지였다.

- 유럽 등 서구 문명의 요람이자 민주주의 고향이다.

- 인구는 66만 명이며, 아티키주의 중심도시로 세계적으로 오래된 관광도시이다.

● **배경**: 아테네는 역사가 3400년에 이른다. 아테네에는 고전기의 유산이 아직 잘 남아 있다. 수많은 고대 기념물과 예술 작품이 있으며, 서양 초기 문명의 기념비적 건물인 아크로폴리스의 파르테논 신전도 있다. 그리고 로마 제국과 비잔티움 제국 시대의 다양한 유적이 있으며, 오스만 제국의 유적도 일부 남아 이 도시의 유구한 역사를 증언하고 있다. 아테네는 올림픽으로도 유명하다. 오늘날의 올림픽은 기원전 8세기부터 서기 5세기까지 고대 그리스 올림피아에서 열렸던 고대 올림피아 경기에서 비롯되었다. 근대 올림픽 경

기는 1896년 아테네에서 처음으로 열렸으며, 108년이 지난 2004년 하계 올림픽이 이곳에서 개최되었다. 아테네는 2004년 올림픽을 계기로 풍요로운 역사와 문화만 있는 도시가 아니라 현대의 업적으로 다시 자리매김할 기회로 활용하고자 했다. 이에 따라 2004년 올림픽 개최지 아테네의 도시 이미지 전략은 아테네의 현대적인 특징을 부각시켜 고대 아테네가 아닌 현대 도시 아테네로 도약하는 것이었다.

● **문제점**: 2004년 아테네 올림픽은 성공적인 메가 이벤트로, 17일간의 행사는 전 세계 언론의 주목을 끌었다. 참여 선수, 관중, 모든 관계자들은 세계에 새로운 이미지를 선보이는 개최국의 스포츠 축제를 경험했다. 그러나 아테네에는 노력 없는 행사 자체가 도시의 브랜드 가치를 만들지는 않는다는 평가가 이어졌다. 아테네에서는 메가 이벤트는 언론의 주목을 받을 수 있는 기회일 뿐 브랜딩 활동 그 자체는 아니며, 행사를 준비하면서 국제 언론의 스포트라이트가 켜져 있는 동안 스스로를 어떻게 표현하고 알려야 할 것인지를 정확하게 이해했다. 하지만 올림픽 이후에 아테네는 이야깃거리를 전략적으로 만들어내거나, 특정 미디어 의제를 제공하거나, 일관성 있는 전략적 목표를 추진하는 등의 일을 하지 않았다. 올림픽 이전이나 개최 중에 브랜딩을 위한 작업이 이루어져야 하며, 행사 이후에도 도시의 핵심 가치나 정체성에 따라 그려진 도시의 구체적인 특성을 개발하는 등의 후속 조치가 필요하다. 국제적인 메가 이벤트는 도시의 단면을 홍보하는 데는 좋은 기회를 제공할 수 있지만, 효과가 제한되기 때문에 도시를 연결하는 장기적인 전략으로서 도시 브랜딩의 전략이 개발되어야 한다.

- **솔루션**: 아테네에서는 2004년 올림픽 이후 도시를 위해 새로운 브랜드 이미지를 구축하려는 노력이 이어졌다. "This is athens"라는 슬로건과 로고를 통해 도시브랜드 이미지 제고를 위한 노력을 전개했다. 이러한 노력은 외부적인 관광객 유치 등의 노력만이 아니라 내부적인 경제 위기로 낙심에 빠진 아테네 시민들을 위한 내부적인 성격의 목적을 갖고서 진행이 되었다. 최초는 "a whole orchestra to play a symphony"라는 가치를 통해서 전체적인 화합과 조화, 각자의 고유의 역할의 중요성을 강조하는 내부적인 메시지를 전달했다. 2016년부터는 외부적 타깃을 대상으로 하는 "one city, never ending stories"로 아테네가 지닌 무궁무진한 역사와 과거에 머물러 있는 도시가 아니라 계속된 재창조의 스토리가 있는 도시의 매력과 흥미로움을 강조하고 있다. 이러한 과거와 현재의 매력을 100개가 넘는 스토리를 통해 전달함으로써 외부인들에게 매력적인 관광, 투자, 거주지로서의 가능성을 어필하고자 하는 노력이 전개되고 있다.

- **성과**: 도시브랜드를 통해 내부의 결속과 외적인 매력 전달이라는 목적을 달성하기 위해 브랜드 전략이 단계적으로 운영되었다. 찬란한 과거의 역사적 기반 위에 현대적인 업적을 묘사하거나, 관광의 다양한 형태를 홍보하거나, 세계를 향해 아테네가 누군지, 무엇에 뛰어난지, 어떠한 색다른 기회와 경험을 제공할 수 있을지에 대한 일관성 있고 전략적인 메시지를 보내는 것을 목표로 했다.

자료: 서울시 도시브랜드 자료실(https://url.kr/zxsdc8)(검색일: 2022.2.28).

7

도시브랜드와 캐릭터

그림 7-1 **울산 남구 장생포 캐릭터**

포경업이 성업 중이던 1970년대, 교복 차림을 한 관광객들이 울산 남구 장생포 고래문화마을 입구에 세워진 '돈을 입에 물고 있는 개' 조형물을 보고 있다. 울산 남구는 같은 모양의 캐릭터 디자인을 특허 출원했다. 이처럼 캐릭터는 일반 제품뿐만 아니라 도시의 이미지를 긍정적으로 만드는 데 활용되고 있다. 강원도의 경우 2018 평창동계올림픽을 마친 이후 올림픽 캐릭터 '수호랑과 반다비'를 활용해 '범이와 곰이'로 바꿔 강원도 브랜드를 알리는 데 활용했다.

도시브랜드와 캐릭터에 관한 연구는 최근에 점차 늘어나는 실정이다. 「일본 지방자치단체 캐릭터의 프로모션 연구」(이화자·김

그림 7-2 **강원도 캐릭터 범이와 곰이**

건, 2015)에서는 연구 목적을 밝히고 일본의 사례와 시사점 등을 제시했다. 우리나라에서는 1990년대 지방분권식 행정 변화 이후 지자체 캐릭터를 도입했으나 개발 단계에 머물거나 인지도가 낮아 사장되는 경우가 다수였고, 일본에서는 '유루캬라'의 활성화로 성공적인 지자체(브랜드) 캐릭터가 다수 등장했다고 한다. 양국은 캐릭터 산업에서 프로모션의 차이가 있다고 지적했다. 국내 205개 지자체에 캐릭터가 있기는 하나 인지도가 낮으며 장성군 '홍길동', 서울 '해치' 정도가 프로모션을 진행한 것으로 나타났다. 그러나 홍길동은 강릉시와 장성군이 원조 논쟁을 벌여 문제가 되기도 했다.

그림 7-3 일본 히코네시 도시 캐릭터 히코냥

반면 일본 지자체 캐릭터 역사의 효시는 '히코냥'(히코네시)에서 찾을 수 있으며, 이 캐릭터는 2010년 10억 엔에 가까운 시장을 형성했다. 히코냥은 일본 시가현에서 만든 캐릭터로 일본 전국시대 무사의 투구를 쓴 고양이다. 2006년 시가현의 히코네彦根시가 히코네성 축성 400주년을 기념해 개발했다. 히코네번의 2대 번주 이이 나오타카井伊直孝를 낙뢰에서 구했다는 고양이 머리에 군사를 상징하는 붉은 투구를 씌운 캐릭터다. 늠름하면서도 귀여운 히코냥의 몸짓이 인기를 끌면서 과자를 비롯해 문구·인형 등의 광고에도 사용되었다. 관련 상품을 판매하기 시작한 2007년

3월부터 11월까지 히코네시가 올린 캐릭터 판매 수입만 170억 엔(약 2500억 원)이었다. 매년 2월 14일 발렌타인데이에 시가현의 히코냥은 전국적으로 초콜릿을 꽤 많이 받는다고 한다.

규슈 신칸센 개통으로 등장한 '구마몬'은 2011년 유루캬라 그랑프리에서 1위를 차지하며, 2년간 1244억 엔의 경제효과를 거둔 것으로 나타났다.

이화자 등은 한국 지자체에 캐릭터의 프로모션 전략으로 ① 지역주민의 참여를 늘릴 프로모션, ② 지역민이 공감하는 소재 선택, 시민 참여 스토리텔링, ③ 지자체 캐릭터 연합체로 전국적 활동 축제, ④ 캐릭터 프로모션 전문가 영입, ⑤ 지자체 캐릭터 사용과 상업 이용 무료화, ⑥ 지자체 캐릭터 지속 관리와 개발, ⑦ 다양한 매체 활용, 지역축제 연계를 제안했다(이화자 외, 2015).

또 다른 도시브랜드 캐릭터 연구(윤홍근, 2017)에서는 지자체 캐릭터의 OSMUone source multi use 활용 방안을 다음과 같이 제시하고 있다. 이 연구에서는 1995년 지방자치 시행으로 지역브랜드 도입, 대표 상징물로 캐릭터를 활용했다. 도시 홍보 및 마케팅 효과를 높이고 커뮤니케이션 친밀성과 효율성을 높였다. 유대감 형성으로 주민 인지도 상승, 지역 홍보 효과, 특산품 구매에 미치는 영향 등을 분석하고자 했다.

국내 캐릭터 효과 및 현황은 다음과 같다.

① 지자체 캐릭터를 활용한 지역 마케팅 효과와 지역 중소기업 육성 효과가 있다.

② 다양한 형태의 OSMU, 상품, 애니메이션 개발로 부가가치를 창출한다.

③ 245개 지자체 중 전체의 81%인 198개 지자체가 캐릭터를 보유(광역 16/17, 기초 183/226)한 것으로 나타났다.

④ 지역과 관련한 캐릭터 형태가 가장 많고 설화 주인공을 대표로 한 경우가 그다음으로 많다.

해결 방안으로는 전담 조직의 필요성, 민관 합동 브랜드 자문단 구성, 캐릭터 관리위원회 설치, 주민 의견 수렴을 통한 의사결정 등이 있다. 일본 유루캬라 그랑프리와 같은 캐릭터 선발대회의 경우, 공동 캐릭터 숍을 설치하고 SNS를 활용한 관리 방안의 필요성을 제언했다.

허영화 외 「국가기관과 지자체 캐릭터 발전 방안 연구」(2016)

에서는 다음과 같은 해결 방안을 제시했다.

국가기관과 지자체가 캐릭터를 개발하고 활용하는 데는 공공의 가치를 추구한다는 특수성이 있으며, 캐릭터 자체가 하나의 가치 있는 브랜드 역할을 한다. 그러나 인지도 측면에서 문제가 있으며 이를 해결하기 위한 방안을 모색할 필요가 있다고 지적하면서 인지도 제고 및 친근감 향상을 위한 캐릭터 지속 관리, 캐릭터 필요성 인식 및 기능 구체화, 디자인 향상(지역적 특성 강조) 등을 제시했다.

국내의 주요 사례로는 공주시의 '고마곰과 공주'가 있다. 고마곰과 공주는 공주시의 브랜드 가치 제고와 자원의 효율적 홍보를 목적으로 개발되어 2015년 1월 1일 탄생한 캐릭터이다. 공주시의 정체성과 스토리를 가진 캐릭터가 필요하다는 의견이 대두했고, 이를 통해 공주시라는 브랜드의 가치 향상과 브랜드 효과를 견인해야 한다는 의도에서 시도된 것이다.

공주만의 특성을 가진 독특한 상품과 디자인 소재를 발굴하고 지역과 시민의 정서를 통합해 동질감을 높일 매개체로 캐릭터 개발이 필요했다. 공주시를 상징하는 마스코트 및 홍보대사로서 캐릭터 개발은 시민 자긍심 고취, 관광객 유치, 관광 상품과 기념

그림 7-4 **공주시 캐릭터 고마곰과 공주**

품의 소재 제공, 공주산(産) 제품의 인지도 제고, 신뢰도 향상, 가
치 상승, 지역경제 활성화를 꾀할 수 있다는 기대감을 주었다. 향
후 활용 전략으로는 캐릭터의 인지도 제고를 통한 공주시 홍보,
다양한 홍보 수단을 활용한 캐릭터 인지도 제고, 공주시의 긍정
적 도시 이미지 형성에 활용, 공주시 생산 상품의 가치 향상을 위
한 수단이 제시되었다.

그동안 공주 고마곰과 공주는 세계적인 캐릭터로 발돋움하기
위해 부단히 노력했다. 독일 레드닷 디자인 어워드에 출품해 본
상을 수상했고(2015), 서울 엑스포뿐 아니라 미국 라스베이거스,
중국 상하이, 일본 도쿄 코엑스 등 국내외 행사에 참가해 일정한
성과를 거두었다.

전주시는 또한 봉제인형, 열쇠고리, 노트, 연필, 파일, 스티커, 타이, 쇼핑백 등 완구, 문구, 팬시용품, 기념품(40종) 및 판촉물을 개발했다. '고마곰과 공주' 캐릭터 상품 전시 판매관을 한옥마을 내에 운영했으며 캐릭터를 활용한 관광 상품 및 체험 소재를 개발했다. 이뿐 아니라 각종 축제와 행사 때마다 홍보 전시 및 판매 부스를 운영해 크게 성과를 거두었다.

백제문화제, 석장리 구석기 축제 참여, 탈·인형 제작(3세트)으로 캐릭터와 공주시 홍보 등에 활용, 공산성 정기 이벤트(5~6월, 9~11월 토요일과 일요일), 백제문화제 출연, 축제·행사 등의 성공 지원과 공주시 홍보에 150여 회 참여, 다양한 홍보를 위해 플래시 몹 이벤트('고마, 공주' 래핑버스), 서울 지역 SNS 캐릭터 이벤트(캐릭터 활용, 흥미로운 소재로 짧은 영상 제작해 SNS로 확산) 등을 활용했다.

고마곰과 공주의 성과로는 첫째, 공감대 형성이다. 공주시 캐릭터로 시민 공감대가 형성되고 확산되었다. 캐릭터 인지도 향상, 시민 자긍심 고취 수단으로 인식전환, 정치적 수단이 아닌 지역 마케팅과 홍보의 수단임을 각인시켜 공주시 캐릭터로 지역사회에 확고히 자리매김했다. 둘째, 인지도 향상이다. 캐릭터 고마곰은 공주의 인지도를 높였다. SNS 매체를 이용한 이벤트, 축제,

그림 7-5 **구마모토 캐릭터 구마몬**

행사 등에서 친근한 모습을 적극적으로 보여주어 대외적 인지도를 제고했으며, 브랜드 상품으로서의 가치 향상, 국제적인 라이선싱 추진, 세계적 캐릭터와 콜라보 등 협업을 진행했다. 셋째, 경제 활성화 지원 등 공주시 상품(특산품, 밤)에 폭넓게 활용했다. 관광 상품, 기념품 등의 소재로 적극 활용, 상품화 추진, 공주산 특산품의 소재와 포장재, 특산품 등에 활용 확대, 공주시 상품 가치 향상 등 지역경제 활성화를 지원했다. 넷째, 돈 버는 캐릭터로 성장해 브랜드 가치를 높여 상품화했다. 다양한 사업을 추진해 돈 버는 캐릭터로 성장시켰고, 캐릭터 관련 산업을 지역의 신성장 산업으로 육성하여 영화, 애니메이션, 동화책, VR, AR, 게임(문화 콘텐츠로 활용) 등에 소재로 활용함으로써 OSMU의 성과를 거두었다.

일본의 대표적인 도시브랜드 캐릭터 사례로는 구마모토현의 구마몬이 있다. 구마몬의 프로필은 다음과 같다.

● 프로필

이름: 구마몬('구마모토' 사람이란 뜻)

직업: 공무원, 구마모토현 영업부장 겸 행복부장

　　　2015.3.30. 부장대리로 강등

　　　2015.6.29. 부장으로 복귀

성별: 남

성격: 장난꾸러기, 호기심이 왕성함.

사명: 서프라이즈, 행복 퍼뜨리기

일본의 경우 도시브랜드 캐릭터를 유루캬라라고 하는데, 유루캬라는 느슨하다는 의미의 일본어 '유루이'와 캐릭터의 일본어 '캬라쿠타'를 합한 단어로 '친근한 캐릭터'라는 뜻이다. 유루캬라는 지역을 홍보하거나 대표하는 역할을 한다. 이 용어는 일본의 유명 만화가 미우라 준(三浦純)이 1980년대 만들어낸 말로서 "유루

그림 7-6 **구마몬과 해치의 비교**

http://www.designlog.org/2511381.

캬라로 불리려면 '향토애(愛)'에 대한 메시지를 담고, 사랑할 수밖에 없는 엉성함을 갖춰야 한다"고 조건을 제시했다. 구마몬 관련 상품의 보급과 확대 전략으로 캐릭터 이용을 무료로 했다. 또한 구마모토현 외의 사업자에게도 사용을 허락함으로써 구마몬 관련 상품이 전국적으로 알려져 인기를 끌었다. 국내 브랜드뿐 아니라 해외 브랜드와 컬래버레이션했으며, 영화, 전통 예능 등과도 컬래버레이션했다.

- 구마모토현의 홍보
- 구마모토현의 특산품의 홍보 및 판매 촉진

한 언론에서는 일본의 구마몬과 서울의 해치를 비교했다. 서울시 해치의 경우 2008년 5월 13일 서울시 캐릭터로 탄생했지만 일본의 사례와 같이 지속적이고 전략적으로 활용되지 못했다는 아쉬움이 있다. 부산시의 경우에는 발 달린 꼬등어와 부기를 같이 사용하고 있으며, 원주시에서는 꽁드리를 도시 캐릭터로 활용 중이다.

한국콘텐츠진흥원에서는 매년 〈우리 동네 캐릭터〉 공모전을 한다. '우리동네 캐릭터'로 국민을, 지역을, 나라를 더 즐겁게 하고자 우리 곁에 살고 있는 우리동네 캐릭터를 적극 발굴해 알리고 활용하는 것을 장려한다. 여기서 '우리동네 캐릭터'는 지역 및 공공 캐릭터의 통합 브랜드를 말한다. 우리나라, 우리 지역의 정책, 관광, 축제 등을 친근하고 재미있게 알리기 위해 활동하고 있는 지역·공공 캐릭터를 말한다. 그러나 우리동네 캐릭터에 대한 국민들의 인지도는 낮은 편이다.

〈그림 7-9〉 '캐' 자의 'ㅇ ㅇ'은 국민과 우리동네 캐릭터의 끊임없는 순환을 의미해 '우리동네 캐릭터'에 대한 교류와 '공공성'을 상징한다. '동' 자의 'ㅇ'으로 디자인한 맵 마커는 각 지역과 함께하는 '우리동네 캐릭터'의 지역성을 담았다. 그리고 '우' 자의 하트

그림 7-7　한국콘텐츠진흥원의 우리동네 캐릭터

에 오른쪽에 칠한 분홍색은 '우리동네 캐릭터'를 통해 국민에게

더 따뜻하게 다가가고 싶은 마음을 담았다.

1 도시브랜드를 알리는 데 캐릭터는 효과적인가?

2 좋은 도시 캐릭터의 조건은 무엇인가?

3 서울시 해치, 부산 꼬등어와 부기, 원주 꽁드리,
   고양 고양이에 대해 이야기해 보자.

4 내가 사는 곳의 캐릭터는 무엇인가? 활용은 잘되고 있는가?

영국 런던

LONDON — TOTALLY LOND ON

- 영국의 수도이자 최대 도시이다.
- 인구는 890만 명이며 세계적인 도시로 예술, 경제, 패션, 엔터테인먼트, 금융, 의료, 미디어, 관광, 교통의 중심이다.
- 세계에서 가장 중요한 금융의 허브이다.

● **배경**: 국제 항공편 승객 수 기준으로 세계에서 가장 관광객이 많이 찾는 도시이다. 런던은 유럽에서 가장 많은 대학을 보유한 도시로, 43개 대학이 있다. 런던은 1908, 1948, 2012년 하계 올림픽을 개최하면서 현대 도시 중 최초로 세 번의 하계 올림픽을 개최한 도시다. 런던에는 다양한 인종과 문화가 공존하며 런던 행정구역 안에서 300개 이상의 언어가 사용되고 있다. 런던은

다양한 문화유산과 역사적인 장소가 있고, 수많은 박물관, 갤러리, 도서관, 체육시설, 문화회관 등의 랜드마크를 보유하고 있다. 하지만 오랜 역사의 도시들은 그 나름의 고착화된 이미지로 인해 새로운 시대적 변화에 뒤처지는 경우가 있다.

- **문제점**: 런던의 경우에도 긍정적인 요소보다는 오랜 전통의 메가 도시로서 갖는 부정적인 이미지가 확산되어 어려움을 겪었다. 보수적 이미지, 높은 물가, 열악한 교통수단, 관광 정보 제공 부족과 같은 부정적 인식의 확산과 함께, 1980년부터 20여 년간 런던의 세계 관광 점유율은 계속 하락세를 보이다가 미국 9·11 테러 이후 그 추세가 급속도로 진행되어 새로운 관광 브랜드 구축 전략과 프로그램이 필요했다. 2012년 올림픽 유치를 위해 도시의 새로운 활력에 대한 해결책으로 도시브랜딩을 전개되었다.

- **솔루션**: 관광 및 문화, 스포츠 등을 통해 창조문화도시로서의 이미지 구축을 목표로 도시브랜딩이 추진되었다. 1999년부터 2000년대 초반 시기에 새로운 시대적 요구에 부합하기 위한 도시 디자인 정책이 국가적 차원에서 전개되었다. 도시 디자인의 중요성을 간파해 '창의력을 중시하는 도시디자인'으로 밀레니엄 프로젝트 등을 구성하고, 전문가 집단인 '디자인 포 런던(Design for London)'을 조직해 체계적인 도시 디자인 전략을 추진했다. "TOTALLY LOND ON"이라는 슬로건으로 진행된 도시브랜드 아이덴티티는 도시명 LONDON에서 'ON'을 빨강색으로 표현해, 'ON'의 의미인 '~에, ~위에'와 'on and off'의 '켜져 있다'는 의미 등을 내포함으로써 런던이라는

도시가 살아 있는 도시라는 의미를 더했다. '종합적인 런던', 혹은 '완전히 런던은 켜져 있다'는 의미로 런던의 정체성을 표현했다. 변화무쌍하며 역동적이고 개방적인 런던을 지향하고, 전통과 현대가 공존하며 세계 금융과 예술의 중심지라는 포지셔닝을 추구하고자 했다. 역동적인 에너지가 있는 패션 중심지로서의 매력을 전달하고자 하는 마케팅 활동이 적극적으로 전개되었다.

● **성과**: 런던은 성공적인 민간 협력 파트너십을 통해서 도시마케팅을 전개해왔다. 대표적으로 런던의 공식 컨벤션 기구인 런던앤드파트너스(London & Partners)는 런던을 세계무대에 적극적으로 홍보하고, 컨벤션 개최지로서 런던의 위상을 높이기 위해 런던 홍보대사 프로그램(London Ambassador Program)을 도입했다. 영국은 역사를 보여주는 전통적인 건물들과 함께 런던아이와 같은 최신의 랜드마크 설치를 통해 끊임없는 흥미와 새로움을 추구함으로써 도시의 경험적 가치를 높여가고 있다. 유구한 전통을 바탕으로 끊임없이 새로움을 추구하려는 시도와 함께 도시를 마케팅하려는 적극적 자세와 협력 체계가 런던의 도시브랜드 가치를 세계 최고 수준으로 유지할 수 있는 원동력으로 작용했다.

자료: 서울시 도시브랜드 자료실(https://url.kr/zxsdc8)(검색일: 2022.2.28)

8

도시 공공 캠페인

도시는 교통, 안전, 노인, 쓰레기, 주거, 청소년 등 많은 문제를 안고 있다. 문제의 해결을 위해서는 정책과 재원 마련이 선행되어야 한다. 그렇지만 작은 아이디어와 소통만으로도 당면문제를 일부 해결할 수 있다. 최근의 몇몇 공공 캠페인에서는 크리에이티브한 아이디어가 성공적인 결과를 도출하고 있다. 이를 살펴보면 도시의 다양한 문제에 대해 해답을 얻을 수 있을 것으로 기대된다.

마포구 미니 환경미화원 (쓰레기 문제)

서울 마포구 지하철 2호선 홍대입구역 인근 버스정류장에 서 있는 시민들 사이로 연두색 작업복을 입은 '환경미화원' 스티커가 손가락을 쭉 뻗고 있다. 시선을 조금 내려 보면 "이곳은 쓰레기통이 아닙니다. 쓰레기는 쓰레기통에 버려주세요"라는 문구가 적혀 있다. 쓰레기통 위치를 알려주는 '미니 환경미화원' 안내 스티커는 지하철 2호선 홍대입구역 9번 출구와 합정역 2, 3번 출구 쪽 인근 여섯 곳에 부착되었다. 이동 인구가 많아 쓰레기가 많

이 버려지는 버스정류장이나 지하철 입출구 난간, 배진힘 등에
부착돼 시민들을 안내했다.

하이메이드 박스템(새 활용 upcycle)

무슨 광고인지 한참을 보다가 끝나고 나서야 "와" 하는 짧은
탄식이 나온다. 하이마트의 자체 브랜드인 하이메이드에서는
가전제품의 포장재로 사용된 종이박스를 가구로 만들어 사용할
수 있게 기획했다. 아이디어는 새로운 것을 만들어내는 것이 아
니라 기존에 있는 것들을 잘 활용해서 '새 활용(업사이클링)'하는
것이다(자료: 하이마트/ 버릴 것이 하나 없는 하이메이드 박스템).

Hope Tape: 희망을 붙여주세요(실종 아동 찾기)

공공 캠페인은 교훈적인 주제를 다루면서도 사람들의 눈길을
끌어야 하기에 제작자로서는 까다로운 프로젝트다. 하지만 오래
도록 회자될 만큼 진한 여운을 남기는 캠페인도 있다. 택배 회사
와 우체국에서 사용되는 박스 테이프에 실종 아동의 얼굴을 넣어
무료로 배포해 전국 어디든 택배 박스가 가는 곳에 전달하도록
했다. 박스를 개봉하면서 실종 아동에 대한 관심을 갖도록 해 국

민적인 인지도를 높였다.

별일인가 카페 사례(노숙인 재활)

때로는 무릎을 탁 치게 하는 재기 발랄한 아이디어로, 때론 충격적인 반전으로 강렬한 메시지를 전하는 공공 캠페인도 있다. '별일인가(별일人家)' 카페는 재능 기부형 사회공헌 프로그램인 '이노선 멘토링 코스'에서 최종 우승한 대학생 4인방과 사회적기업 두손컴퍼니의 아이디어에서 출발했다. 노숙인이 운영하는 힐링 카페로, 노숙인의 자립을 응원하고 사람들의 편견을 바꾸는 것이 아이디어의 핵심이다. 이 아이디어에 서울시가 청계천 광교 갤러리 공간을 제공하고, 종합건축자재 업체인 KCC가 친환경 자재를 이용해 카페를 완성했다. 단순히 광고 형태의 캠페인이 아닌 카페 제작 형식을 선택한 이유는 노숙인의 자활 의지를 시각적으로 보여주기 위함이었다. 또한 노숙인들이 도시의 공간을 빼앗는 존재에서 서울 시민을 위한 문화 공간을 제공하는 존재로 치환되는 모습을 보여주었다. 카페의 이름인 '별일인가'에는 노숙인의 자립을 향한 응원과 시민들의 세상살이 고충을 위로하는 뜻이 담겨 있다. 괜찮아메리카노, 힘내라떼, 해볼카푸치노 등 따뜻한 위로가 담긴 음료명두 대학생들의 돈보이는 아이니어였다. 별일인가 프로젝트를 기획한 이노션과 대학생 16명은 2015년 '서울크리에이터즈 싱크SYNC 2기와 함께하는 아이디어 소통한 마당'에서 서울시장 표창을 받았다.

서울문화재단 공공미술 도시 게릴라 프로젝트

예술가의 발칙한 상상으로 뻔-한 도시 공간에 Fun한 매력을 더하는 '공공미술 프로젝트'는 지루한 일상 공간의 재발견을 돕고 시각적인 자극으로 재미와 활력을 제공했다. 또한 예술가들은 거리의 지형지물을 활용하는 소소한 '길거리 예술'부터 커뮤니티아트, 공공 조형물 등 일상의 공간에 다양한 장르의 공공미술로 예술적 상상력을 실현했다. 서울 도심 속 공공 공간에서 운영되었다.

마음약방

HSAd와 협력해 일상 속 사물인 '자판기'를 활용해 기획한 프로젝트다. 2015년 처음 선보인 마음 치유 캠페인 '마음약방'은 서울시청과 서울연극센터에 각각 설치되어 현대인들의 고단한 마음을 문화적 처방으로 위로하며 응원하고 있다. '2016 칸 국제광고제' 제약 부문, '제23회 올해의 광고상' 등을 수상했다.

찾아가는 동주민센터 공공미술 프로젝트

2013년 가을밤, 아티스트 그룹이 각자의 개성을 담아 일상 공간에 '예술로 게릴라 습격'을 하는 공공미술 프로젝트를 시작했다. 다섯 개 작가 그룹이 참여해 주택가에 숨겨진 골목부터 탁 트인 서울광장까지 서울 시민의 상상력을 자극할 수 있는 거리예술을 남겼다. 주민 접점 공간인 주민센터에 지역의 특색을 반영한 공공미술을 접목해 주민들의 커뮤니티 거점으로서의 역할을 강화하고 지역의 쟁점 사항을 예술적 방식으로 풀어내 마을을 변화시키는 프로젝트였다.

공공예술 프로젝트

삼청동 주민센터에 '기농정基農亭', 창신1동 주민센터에 '건설적인 드로잉-창신동'이 설치되었다. 독산4동 주민센터에서는 커뮤니티 아트 프로젝트를 통해 지역문화 및 생활문화 활성화에 기여했다.

끌림(폐지 수거 노인 문제)

하루 수입 3000원에 노동 시간 8시간. 전국적으로 170만 명의 노인들이 폐지 수거에 참여하고 있으나 이들을 바라보는 시선은 싸늘하기만 하다. 그뿐만 아니라 열악한 노동환경 속에, 리어카를 끌고 위험한 곳에 운전을 마다하지 않는다(이봉화, 2011: 38~45).

어두운 새벽, 쓰레기와 폐지가 버려져 있는 눈비 내리는 길거리, 그 길 위에서 살아가는 사람들이 있다. 이들은 길 위에서 돈이 될 만한 폐지와 고물을 수거한다. 리어카가 가득 차면 그 무게는 약 150kg에 이른다. 그들의 삶만큼이나 무겁지만 받는 돈은 하루 약 3000원, 한 달에 10만 원이 채 안 되는 경우가 많다. '불쌍하다', '더럽다', '낙오자', 이들을 바라보는 사회적 시선도 긍정적이지만은 않다. 폐지 수거가 직업으로 인정받지 못하지만, 노인들의 생각은 달랐다.

라우드 프로젝트

커뮤니케이션 전문가의 삶을 통해 실천할 수 있는 가장 가치 있는 것이 무엇인지 늘 고민하면서 새로운 도전과 순수한 협력, 그리고 겸손한 소통을 이어가고 있다. 그 과정은 새로운 사회적 자본social capital과 공공가치public value를 발견하는 소중한 순간의 연속이다.

'넛지'를 행동경제학이라고 부르지만, 그 핵심은 커뮤니케이션학과 광고 PR학이었다. '설득' 기술의 변천 과정을 살펴보면 이미 넛지가 오래전부터 사용되어 왔다는 것을 알 수 있다. 이런 이유로 광고, PR 전문가들은 행동경제학에 대해 무슨 옛날이야기

그림 8-1 넛지의 탄생: 네덜란드 암스테르담 스키폴 공항 남자 화장실

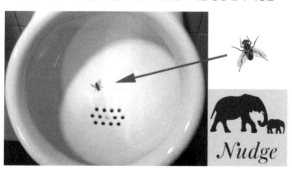

자료: https://kwworks.com/blog/why-is-there-a-fly-in-my-urinal/.

를 그렇게 새로운 것처럼 하느냐며 코웃음 칠지도 모르겠지만 그렇게만 볼 것은 아니다. 커뮤니케이션 분야에선 오래된 이야기지만 넛지를 정부 부처, 공공 기관, 시민단체 등의 정책에 고려하는 것은 별개의 문제일 수 있다. 강준만 교수는 막연히 넛지를 구상하기보다는 인간적 추구 성향을 중심으로 생각해 보면 넛지에 대한 관심 제고와 더불어 구체적인 넛지 방안을 찾는 데 도움을 받을 수 있다고 제안했다. 그는 넛지의 방법론적 유형을 인간적 추구 성향 중심으로 인지적 효율성, 유도성, 흥미성, 긍정성, 비교성, 일관성, 타성 등 일곱 가지를 제시했다(강준만, 2017).

교통안전 넛지: 노면 색깔 유도선

불법 주차 예방을 위해 금지 표지를 세워놓기보다 긍정의 메시지와 제한된 시민들의 외침을 차별화해 전달할 수 있는 방법을 모색했다. 만삭이 아닌 임산부의 경우 선뜻 임산부 배려석에 앉기 어렵다. 우리 안에 일정한 고정관념이 만삭의 임산부만을 인정하는 분위기다. 따라서 배려석에 테디베어, 임산부 방석, 임산부석 말풍선 등을 놓아 초기 임산부도 배려하는 공동체 캠페인으로 발전시켰다.

그림 8-2 **교통안전 넛지: 옐로우 카펫**

음주운전을 막는 빨간 영수증?

수도권 음식점 두 곳에서 음주운전 예방을 위한 '레드싯Redceipt' 캠페인을 실험적으로 진행했다. 빨강Red과 영수증Receipt을 뜻하는 영어 단어를 합성해 이름 붙인 '레드싯' 캠페인은 술을 마신 사람들에게 경고·금지 등의 의미가 담긴 빨간색 영수증을 발급해 음주운전에 대한 경각심을 높이자는 취지에서 기획되었다.

1 우리 도시가 가진 문제점에는 무엇이 있는가?

2 도시 공공 캠페인의 필요성을 이야기해 보자.

3 도시 공공 캠페인의 사례와 시사점은 무엇인가?

4 우리 도시의 문제점을 해결하기 위한 공공 캠페인 아이디어를 제시해 보자.

핀란드 헬싱키

Helsinki

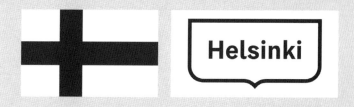

- 핀란드 수도이자 제1의 도시이다.

- 인구 120만 명으로, 북유럽의 고유한 문화자산을 간직하고 있다.

- 핀란드 남부 핀란드만에 위치해 수도권을 형성했다.

● **문제점 및 솔루션**: 헬싱키의 문제는 문화 자원과 헬싱키의 현대성을 포함할

   수 있는 일관된 도시브랜드 아이덴티티가 정립되지 않았다는 점이었다.

   2017년 헬싱키의 새로운 브랜드 아이덴티티 디자인 프로젝트가 진행되었

   고, 그 결과 탄생한 것이 헬싱키 로고이다. 한 국가의 수도가 한 분야만 강화

   한다고 해서 도시브랜드 아이덴티티가 확보되는 것은 아니다. 다양한 요소

를 포함할 수 있어야 한다. 따라서 헬싱키 로고에는 직관적이고, 단순하며, 활용에 용이한 확장 가능성까지 포함시켰다.

● **성과**: 헬싱키는 과거를 존중하며 현대적인 느낌을 담을 수 있는 초월적 브랜드 정체성을 추구했다. 이를 바탕으로 만들어진 로고는 4만 명의 도시 직원과 주민, 외국인, 관광객과 이주민 등 주요 이해관계자들이 가장 쉽게 기억할 수 있도록 제작되었다. 헬싱키 로고는 가장 잘 알려진 헬싱키의 전통 문장을 기반으로 디자인함으로써 다양한 콘텐츠에서 활용되기 쉽게 구성했다. 대단한 슬로건과 캠페인을 수립하지 않았지만, 직관성과 확장성을 추구한 헬싱키의 브랜드 로고는 도시의 각 부처와 이해관계자들에게 헬싱키의 통합된 브랜드 이미지를 심어주고 있으며, 온라인과 오프라인의 다양한 분야에서 활용되고 있다.

자료: 서울시 도시브랜드 자료실(https://url.kr/zxsdc8)(검색일: 2022.2.28).

9

———

도시 평판과 도시브랜드 지수

유엔의 보고에 따르면 전 세계 인구의 50% 이상이 도시에 거주하며, 한국의 경우 도시화율은 92%에 이르는 것으로 나타났다. 이처럼 도시는 현대인의 삶의 터전이자 생활양식이다. 근대 이후 도시로 사람들이 모인 것은 경제적 이유가 컸다. 일자리뿐만 아니라 취업이나 교육을 받을 기회를 얻고자 사람들이 도시로 몰려왔기 때문이다. 인구가 늘어나면서 주택, 병원, 상하수도, 학교, 도로, 공원 등 인프라 마련이 시급한 문제가 되었다. 서둘러 도시가 개발되면서 시행착오도 있었으며, 도시 자원 이용의 집중화와 고도화, 디자인과 환경에 문제가 생겼다. 도심 개발은 외곽으로 나갔던 노동자를 도심으로 돌아오게 했다. 도시는 교육 시스템과 혁신적인 성장을 위한 기반을 갖추면서 더 많은 사람들을 머물게 했다. 도시는 역사의 발전과 함께 문명과 지식을 연결하며, 많은 사람이 아이디어와 상품을 쉽게 교환하게 했다 (한은경 외, 2020).

첫째, 도시 평판은 도시에 대한 역사와 총체적인 삶의 결과로 나타난다. 따라서 시민의 삶의 질, 관광객 유입, 투자자 유치에 영향을 준다. 먼저 도시의 역사는 오랜 시간 축적된 인상의 결과이며, 총체적인 삶이란 교육, 문화, 직장, 교통, 미래 비전 등의 사회, 경제, 문화, 정치 환경을 모두 포함하는 의미다. 사는 곳은 그 사람의 정체성을 알려주는 지역 이미지와 연결된다. 더 좋은 도시, 더 좋은 평판의 도시에 살고 싶은 것은 이러한 이유이다. 둘째, 도시 평판은 관광객을 끌어 모은다. 도시 축제는 관광객을 부르고, 영화에서 본 아름다운 도시는 많은 사람들이 방문을 희망하는 버킷리스트에 포함된다. 영화의 한 장면에 나타난 도시가 평생의 꿈으로 자리하고, 마침내 방문하기도 한다. 셋째, 좋은 평판을 듣는 도시는 세계적인 기업과 국제기구를 유치하기 쉽다. 지식과 기술이 뛰어난 인재를 구하고, 이웃 국가로의 확장성도 뛰어나 비즈니스 허브로서 역할을 한다.

도시 평판은 도시를 도시답게 하는 기본 하드웨어와 소프트웨어로 측정된다. 하드웨어는 도시의 실체이며, 소프트웨어는 사람과 제도, 서비스다. 과거의 도시가 하드웨어에 치중했다면, 앞으로의 도시는 사람, 제도, 서비스 개발과 향상에 더 많은 관심과 노력을 들여야 한다(〈표 9-1〉 참조).

표 9-1 **도시 평판 관리 체크리스트**

차원	요인	세부 항목
실체성 (하드웨어)	경제적 환경	사업, 비즈니스 기회 고용 여건 우수 소득 증대 가능성 산업 인프라 우수
	도시 환경	기후 여건 도시 경관 자연 경관 공원과 녹지 조성
	생활 인프라	학교와 보육 여건 병원, 약국, 의료시설 도서관, 공연장, 경기장 등 문화시설과 체육시설 교통 인프라
	문화 인프라	공연장, 박물관, 도서관 등 문화예술 시설 여가, 레저를 즐길 수 있는 여건 다양한 문화 관광 유적 좋은 문화예술 공연, 축제, 이벤트
관계적 차원 (사람, 제도)	인적자본, 시민 리더십	시민들의 친절 시민들의 정직 시민들이 교육 수준 글로벌 네트워크 형성 시장, 공무원의 리더십
	신뢰도	도시정부의 약속 이행 중요한 의사결정에 이해관계자 배려 나를 공정하고 정당하게 대우 의사결정과정 공개 등 투명한 커뮤니케이션
	애착심	시에 대한 애착심 시민으로서 자부심과 자긍심 도시는 친구와 같은 친근감
	도시브랜드 인지도	외부 사람들에게 잘 알려짐 전략적인 홍보 독특한 개성과 정체성 상징적인 랜드마크

자료: 한은경 외(2020).

도시평판관리 모델

성공적인 도시 평판을 위해서 도시브랜드 아이덴티티, 도시 브랜드 이미지, 도시브랜드 평판 사이의 관계를 이해하고, 평판을 장기적으로 관리해야 한다. 도시 아이덴티티는 도시가 시민과 관광객을 포함한 이해관계자에게 인식되고자 하는 도시의 정체성이다. 도시 이미지는 도시 마케팅의 결과로서, 도시 아이덴티티를 이해관계자가 받아들이고 인식하고 느낀 결과이다. 도시 평판은 도시 아이덴티티와 도시 이미지의 합이다. 도시 평판 구축 단계는 다음과 같다.

① 도시 아이덴티티 수립
② 도시 마케팅 커뮤니케이션
③ 도시 평판 구축
④ 수익성과 피드백

좋은 도시 평판을 구축하는 방법

좋은 도시 평판 구축을 위해 다음의 방법을 제안한다. 첫째, 좋은 도시 평판을 위해 도시 아이덴티티를 구축한다. 아이덴티티 구축은 도시의 장점과 비전을 중심으로 경쟁을 고려해 차별화된 아이덴티티를 만들어야 한다. 도시 평판 관리는 도시의 아이덴티티와 이미지 사이의 일체감이 높으면 성공할 가능성이 크다.

둘째, 구축된 아이덴티티를 이해관계자들에게 전달하기 위해서 마케팅과 커뮤니케이션의 통합이 필요하다.

셋째, 지속적인 관리가 필요하다. 도시마케팅은 전임자의 비전과 아이덴티티가 후임자에 의해 폐기되거나 방향이 전환되어 예산이 낭비되는 경우가 많다. 도시브랜드 관리 조직을 시 직원과 민간이 함께 공유해 상설 조직화하는 방법이 있다.

넷째, 시민과 소통이 중요하다. 브랜드 아이덴티티를 만드는 과정에서 슬로건이나 디자인을 만들 때 공모전, 공청회, 브랜드 런칭 행사, 시민자문위원회, 시민축제 추진기구 등 각종 위원회를 통해 시민의 의견을 충분히 반영함으로써 공감대를 형성해야 한다.

다섯째, 아이덴티티, 이미지를 고려하고 이미지와 평판의 상호작용을 고려해야 한다. 각 단계별 성공이 중요하다. 첫 단계가 잘못되면 체계적이고 계획적인 마스터플랜이 불가능하다. 지속적인 피드백과 교정·보완 과정이 있어야 한다.

표 9-2 한국인이 살고 싶은 도시 10대 도시

	2004	2014	2019
서울	22	16	21
부산	8	12	13
제주	6	13	11
대전	6	4	4
대구	3	2	3
광주	3	2	2.4
춘천	2	5	2.2
수원	0	1	2.1
인천	0	2	2.0
강릉	0	2	2.0

주: 2019년 5월 9~25일(제주 제외) 만 13세 이상 1700명 면접조사 결과이다. 상위 10위
　　까지만 제시한다.
자료: 갤럽리포트 www.gallup.co.kr.

　여섯째, 환경적 요인의 영향을 고려해야 한다. 정치·경제·자
연·기술·문화·환경 등 외부 요인이 아이덴티티 전 과정에 영향
을 준다. 도시 집중화와 난개발 등의 문제에 대한 대안으로 지속
가능한 발전 차원의 이해와 접근이 필요하다.

　우리 국민들이 살고 싶은 도시는 어디일까? 포털 사이트나 유
튜브에서 관련 영상을 쉽게 접할 수 있지만, 과학적인 조사 방법
을 활용하지 않은 경우도 있어 결과의 해석에 유의해야 한다. 다

표 9-3　대한민국 10대 도시 vs. 살고 싶은 10대 도시

인구 10대 도시	살고 싶은 10대 도시
10. 고양(특례시)	10. 강릉
9. 창원(특례시)	9. 인천
8. 울산(광역시)	8. 수원
7. 수원(특례시)	7. 춘천
6. 광주(광역시)	6. 광주(광역시)
5. 대전	5. 대구
4. 대구	4. 대전
3. 인천	3. 제주
2. 부산	2. 부산
1. 서울	1. 서울

만 일반적인 국민들의 인식이라고 본다면 나름의 의미는 찾을 수 있다. 갤럽(2019.5.25)이 조사한 바에 따르면 "한국인이 살고 싶은 10대 도시는 〈표 9-2〉과 같다. 전국(제주 제외) 만 13세 이상 1700명에게 우리나라에서 가장 살고 싶은 도시를 자유롭게 물은 결과로, '서울'(21%), '부산'(13%), '제주'(11%), '대전'(4%), '대구'(3%), '광주', '춘천', '수원', '인천', '강릉'(이상 2%) 순서로 나타났다. 이 외에도 1% 이상 응답된 도시는 '전주'(1.6%), '청주', '속초'(이상 1.4%), '남해'(1.3%), '고양', '포항'(이상 1.2%), '여수'(1.1%) 등인 것으로 밝혀졌다. 이를 인구 기준 10대 도시와 비교하면 〈표 9-3〉와 같다.

2020년 지역경쟁력 지수(한국농촌경제연구원)

≪동아일보≫ 미래전략연구소와 한국농촌경제연구원이 발표한 2020년 지역경쟁력지수 평가 결과, 달성군처럼 사회 취약계층을 위해 복지에 적극적으로 투자한 시군들이 높은 점수를 차지했다. 네 개 평가 부문 중에서 교육과 복지 여건을 평가하는 '생활서비스' 부문 점수는 보통 수도권 지역이 높고 중소 도시나 군 지역의 점수는 낮은 편이었지만, 이번에는 경기 하남시, 이천시, 전남 나주시 등과 함께 달성군이 상위 50위권에 새롭게 진입했다. 달성군은 생활서비스 부문 순위가 2018년 70위에서 44위로 26계단 상승했다. 생활서비스 부문은 '기초생활 여건', '교육 여건', '보건·복지 여건' 등 세 개 세부 부문별로 점수를 매겨 산출했다. 전국 159개 시군(서울과 여섯 개 광역시 소속 구 제외)을 대상으로 평가한 지역경쟁력지수를 보면 경제력이 강하고 신도시 개발로 인구가 꾸준히 유입되는 경기 화성시(1위), 수원시(2위), 성남시(3위) 등 수도권 도시들이 예년과 같이 상위권을 차지했다. 하지만 의성군의 '안리단길(안계면+경리단길)'처럼 차별화된 '동네 콘텐츠'를 가진 비수도권 지방자치단체들이 약진했다(≪동아일보≫, 2020.12.24).

한국기업평판연구소는 2020년 1월 대한민국 도시브랜드 평판 분석 결과, 서울시 브랜드를 1위로 분석했다. 브랜드 빅데이터를 분석해 보니 지난 11월 브랜드 빅데이터 943,507,478개와 비교하면 61.02%가 줄었다. 세부적으로 보면 브랜드 이슈 9.80% 하락, 브랜드 소통 8.47% 하락, 브랜드 확산 81.96% 하락했다. 이 평판지수는 국내 브랜드 빅데이터를 분석해 파악한 것이다(http://www.futurekorea.co.kr).

광역자치단체인 특별시, 기초자치단체인 시, 특별자치도의 하부 행정구역으로 지방자치단체가 아닌 행정시를 대상으로 했다. 브랜드에 대한 평판은 브랜드에 대한 소비자들의 활동 빅데이터를 참여 가치, 소통 가치, 소셜 가치, 시장 가치, 재무 가치로 나누었다. 도시브랜드평판지수는 미디어 지수, 소통 지수, 커뮤니티 지수로 분석했다. 브랜드평판지수는 소비자들의 온라인 습관이 브랜드 소비에 큰 영향을 끼친다는 것을 근거로, 브랜드 빅데이터 분석을 통해 만들어진 지표로서 브랜드에 대한 긍·부정 평가, 미디어 관심도, 소비자의 참여와 소통량, 소셜미디어의 대화량으로 측정했다.

KLBCI(Korea Local Brand Competitiveness Index)
한국지방브랜드 경쟁력 지수

현대는 창의가 중요한 시대다. 창의는 자율과 분산의 시대를 촉진한다. 국가 브랜드는 경쟁을 촉진하는 모방 시대의 산물이다. 지방 브랜드는 고유한 특성을 매개로 상생하는 창의 시대의 산물이다. 지방 브랜드란 특정 장소가 가진 경제와 사회적·문화적 자산에 대한 총체적 인식을 의미하며 관광, 투자, 거주 등 다양한 분야에서 드러나는 창의적 경쟁력을 핵심 역량으로 한다. 한국지방브랜드경쟁력지수KLBCI: Korea Local Brand Competitiveness Index는 전국 단위로 지방자치단체의 경쟁력을 평가한다. 다만 이를 지속적으로 평가하기란 쉽지 않다.

KLBCI는 개별 지자체 거주 주민과 다른 지역 주민들의 인식 조사를 토대로 하며, 경쟁적 우위를 갖는 부문을 개별 측정해 지수화했다. KLBCI는 공공 브랜드 전문기관인 한국외국어대학교 국가브랜드연구센터NBRC와 ≪한국경제신문≫이 지방 브랜드 경쟁력을 통합적·인과적으로 평가하기 위해 개발한 모델이다. 브랜드 전문기관인 밸류바인, 조사 전문기관인 마크로밀엠브레인과

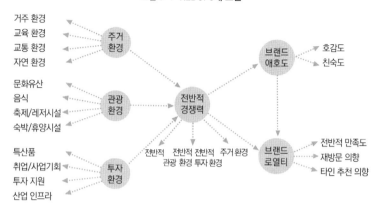

그림 9-1 **KLBCI 6개 요인**

거주 환경
교육 환경
교통 환경
자연 환경

주거 환경

문화유산
음식
축제/레저시설
숙박/휴양시설

관광 환경

특산품
취업/사업기회
투자 지원
산업 인프라

투자 환경

전반적 경쟁력

전반적 전반적 전반적 주거 환경
관광 환경 투자 환경

브랜드 애호도

호감도
친숙도

브랜드 로열티

전반적 만족도
재방문 의향
타인 추천 의향

주: 주거·관광·투자 등 6대 변수 종합 평가, 거주민·타 지역 주민 1만 2400명 조사.
자료: http://news.naver.com/main/read.nhn?mode=LSD&mid=sec&sid1=100&oid=
015&aid=0003511556.

독자적인 장소 브랜드 자산을 구성하는 지방의 주거·관광·투자 환경은 물론이고 브랜드 경쟁력 전반을 다차원으로 평가한다.

이를 경쟁력 지수로 환산함으로써 기존 모델보다 더 역동성을 갖도록 KLBCI는 영국·독일 등에서 발표된 국가·도시 브랜드지수와 달리 지방 브랜드를 여섯 개의 잠재 변수(주거 환경, 관광 환경, 투자 환경, 전반적 경쟁력, 브랜드 애호도, 브랜드 로열티)와 20개 항목을 표준화해 온라인 조사 방식으로 측정했다.

그림 9-2 **광역시도의 KLBCI 순위(2017)**

(단위: 점, 1000점 만점)

520 9 인천 10 강원 516
643 1 서울
583 4 경기 17 충북 476
491 16 세종 15 경북 496
497 5 대전
13 충남 11 대구 566
507 12 전북 513
535 6 광주 8 울산
7 경남 3 부산 522
497 13 전남
596 588
제주 532

자료: http://news.naver.com/main/read.nhn?mode=LSD&mid=sec&sid1=100&oid=015&aid=0003511556

지방의 경쟁력이 소비자 행동에 미치는 직간접적인 영향을 동시에 평가했다는 점에서 현실성이 높게 인정되었다. 특히 주거, 관광, 투자 분야의 선호 도시에 대한 조사를 추가하는 한편, 각 지자체 브랜드와 관련된 브랜드 연상 내용까지 함께 조사했다.

표본 수도 지역별(광역시도, 기초시) 인구 분포를 고려해 최소 50

명에서 최대 150명을 할당해 표집하는 등 전체 1만 2400명을 대상으로 조사했다. 이 조사에서 광역지자체와 기초시의 총체적 도시브랜드에 대한 국민들의 인식이 정체되지 않고 다양하게 변화되고 있음을 확인했다.

지방의 경제·문화·사회 환경을 근간으로 하는 마이크로 환경(거주, 교육, 교통, 자연, 문화유산, 음식, 레저, 특산품, 인프라, 취업 등)에 대한 도시민의 인식이 시대 변화와 함께 진화되고 있음을 발견했고, 이를 분석 과정 전반에 반영되었다. 공공재인 장소 브랜드를 평가해 지속적인 조사를 벌인다면 시대 및 환경 변화는 물론이고 시민들이 도시를 보는 관점을 변화시키는 세부 요인을 보다 면밀히 파악할 수 있다. 조사 결과는 지방 브랜드를 적극적·체계적·전략적으로 구축하고 관리해 성장시키는 지표로 활용된다.

1. 도시브랜드지수(KLBCI, 한국지방브랜드경쟁력지수)는 왜 필요한가?

2. 도시브랜드지수의 장점과 단점은 무엇인가?

3. 우리 지역의 도시브랜드지수와 실제 체감하는 지수의 차이를 논해보자.

4. 도시브랜드의 자산 구축을 위해 도시브랜드지수의 활용 방안은 무엇인가?

프랑스 파리

Paris — Fluctuat nec mergitur

- 프랑스 수도로 중북부 일드프랑스 지방의 중앙에 위치한다.

- 인구는 210만 명으로, 프랑스에서 가장 큰 도시이다.

- 에펠탑, 루브르박물관, 성노트르담 대성당 등 아이콘적 명소로 유명하다.

● **배경**: 파리는 지난 수백 년간 예술, 경제, 정치에서 세계 최고의 도시였다. 그
리고 몽마르트, 라탱 지구, 시테섬을 비롯한 파리의 여러 구역은 예술적 역사
를 간직하고 있다. 파리는 문화와 음식, 축제가 끊임없이 이어지는 매력적인
도시이다. 세계에서 가장 아름다운 도시 중 하나로, 그 뛰어난 건축물과 문화
적 경이로움은 전 세계 사람들을 유혹하고 있다. 파리는 살아 숨 쉬는 문화유
산의 본고장이면서 끊임없이 현대화되어 풍요로워지고 있다. 단지 프랑스의

수도만이 아니라 미식, 패션, 쇼핑의 수도이자 항상 새로운 일들이 일어나는 살아 움직이는 도시다. 파리는 최고의 환경을 제공하는 곳으로, 혁신적이고 대담하며 활기찬 파리는 21세기 최고의 도시 중 하나로 꼽히고 있다.

● **문제점**: 파리가 도시브랜드에 관심을 보인 것은 2008년에 2012년 올림픽 유치 경쟁에서 파리가 런던에 패배한 직후였다. 당시 버트랑 들라노에 파리 시장은 파리가 객관적인 '제품'(제안 자체)으로는 앞섰지만, 파리의 '브랜드 이미지'는 런던만큼 매력적이지 못하다는 분석 결과를 발표했다.

● **솔루션**: 파리관광청(The Paris Convention and Visitors Bureau)에서 운영하는 브랜드는 도시 에펠탑을 형상화한 관광 브랜드로 단순한 요소를 활용하여 최대의 효과를 얻으려 했다. 파리의 상징이라 할 수 있는 에펠탑이 PARIS의 A로 아이콘화되어 표현되었고, 대문자 'I' 대신 소문자 'i'를 사용하여 파리의 스카이라인인 에펠탑의 높이를 두드러지게 나타냈다. 소문자 i 는 느낌표와 여행 안내인 information의 'i', 파리 하늘에 뜬 태양과 달을 의미한다. 파리라는 이름 자체에 다양한 느낌과 감성들이 이미 존재하기에, 특정 이미지로 국한하는 미사여구 없이 도시명만으로 표현하고자 하는 시도는 파리가 갖춘 기존의 높은 브랜드 자산의 활용한 접근방법이다. 전체적인 구도는 파리의 아름다운 스카이라인을 그려내는 구조로 타이포그래피 로고가 만들어졌다. 파리의 새로운 도시브랜드는 로고뿐만 아니라 다양한 어플리케이션까지 통합했다. 예술의 도시답게 일러스트레이터 세버린 밀레(Severin Millet)가 생생하고 다채로운 색상으로 파리의 다양한 모습을 표현했다. 현

대의 파리 모습을 생동감 있게 제안했다. 파리시에서 공식적인 도시브랜드 슬로건을 사용하지는 않지만, "Fluctuat nec mergitur(흔들릴지언정 침몰하지 않는다)"는 600년 넘게 파리의 슬로건으로 자리 잡았다.

● **성과**: 새로운 심벌은 디지털 시대에 맞춰서 보다 심플하면서도 역동적인 파리의 현대적인 모습을 표현하기 위한 시도로 변경이 되었다. 하지만 변화 가운데서도 일관성을 유지하기 위한 노력에서 몇백 년 동안 이어온 모습을 유지했다. 파리는 세계적인 명성을 유지하고 있는 도시다. 강력한 실체를 바탕으로 강력한 이미지를 추구하기 위해 노력하며, 도시브랜딩을 실행하고 있다. 기존의 자산을 거스르기보다는 더욱 현대적인 재해석을 시도해 구체화했고, 그 효과가 다양한 분야에서 일관성 있게 나타나고 있다.

자료: 서울시 도시브랜드 자료실(https://url.kr/zxsdc8)(검색일: 2022.2.28)

10

—

축소도시와 스마트시티

축소도시라는 말은 1988년 독일에서 처음 등장했다. 축소도시란 지속적이고 심각한 인구 손실로, 유휴나 방치 부동산이 증가하는 도시를 말한다. 국토연구원에서는 1995년부터 2005년, 2005년부터 2015년, 각각 10년 동안 지속적으로 인구가 줄거나, 최근 40년 동안 인구가 정점이었을 때에 비해 25% 이상 인구가 감소한 국내 도시 20곳을 축소도시로 분류했다. 연구에 따르면 경상북도가 경주·김천·안동·상주·문경 등 일곱 곳으로 가장 많았다. 이 가운데 김천과 상주도 포함되었다.

최예술(2022)의 연구에서도 2019년 인구가 정점에 이른 이후 2020년 주민등록인구 사상 첫 감소를 기록한 이래 수도권의 인구집중과 지방의 인구 감소가 지속되었으며, 행정안전부(2021)에서는 기초지방자치단체 89곳을 '인구감소지역'으로 지정 고시했다(〈그림 10-1〉 참조). 그림에서와 같이 수도권과 일부 광역시 일부를 제외한 전 지역이 포함되어 인구 감소가 지역 소멸로 이어지지 않을까 하는 우려를 보여주고 있다. 지역 선정은 연평균 인구증감률, 인구 밀도, 청년 순 이동률, 주간 인구, 고령화 비율, 유

그림 10-1 **인구감소지역 지정 현황**

구분	인구감소지역(89개)	인구감소지역 89곳 지정
부산(3개)	동구, 서구, 영도구	
대구(2개)	남구, 서구	
인천(2개)	강화군, 옹진군	
경기(2개)	가평군, 연천군	
강원(12개)	고성군, 삼척시, 양구군, 양양군, 영월군, 정선군, 철원군, 태백시, 평창군, 홍천군, 화천군, 횡성군	
충북(6개)	괴산군, 단양군, 보은군, 영동군, 옥천군, 제천시	
충남(9개)	공주시, 금산군, 논산시, 보령시, 부여군, 서천군, 예산군, 청양군, 태안군	
전북(10개)	고창군, 김제시, 남원시, 무주군, 부안군, 순창군, 임실군, 장수군, 정읍시, 진안군	
전남(16개)	강진군, 고흥군, 곡성군, 구례군, 보성군, 신안군, 장흥군, 함평군, 담양군, 영광군, 영암군, 완도군, 장성군, 진도군, 해남군, 화순군	
경북(16개)	군위군, 고령군, 문경시, 봉화군, 상주시, 성주군, 안동시, 영덕군, 영양군, 영주시, 영천시, 울릉군, 울진군, 의성군, 청도군, 청송군	
경남(11개)	거창군, 고성군, 남해군, 밀양시, 산청군, 의령군, 창녕군, 하동군, 함안군, 함양군, 합천군	

자료: 행정안전부(2021).

소년 비율, 조출생률, 재정자립도 등 지표로 인구감소지수를 산출해 이를 토대로 했다. 지방 소멸 위기와 인구 감소 문제를 해결하지 못하면, 30년 뒤 '전남·경북'이 사라질 수 있다. 한국고용정보원(2019)의 보고서에도 지방 소멸의 공포가 더욱 심해지고 있음을 경고하고 있다. 인구 감소 문제를 해결하지 못하면 30년 안에 전남과 경북이 사라질 수 있다는 주장이다. 지방도시의 고령화 추세와 인구 감소가 대중교통 불편으로 이어지면서 인구 감소를 더욱 가속화한다는 분석이다. 국토교통부(2017)의 교통 주요 이슈 정책통계에 따르면, 공공성 차원에서 지방도시의 교통 문제의 해결을 위한 정책 마련이 시급하다.

앞서 논의한 것처럼 인구가 많이 감소하게 되면 축소도시로 접어든다. 축소도시는 어떻게 진행되며, 또 축소도시가 되면 어떤 점에서 문제가 발생하는가? 농어촌 지역에서 나타나던 급격한 저출산과 고령화에 이은 인구 감소, 빈집 증가에 따른 슬럼화 현상이 지방 중소도시로 빠르게 확산된다. 축소도시 현상이 심각해지면 법률에서 요구하는 도시 기준에 미달하는 도시도 발생한다. 어제까지 도시였던 곳이 군으로 전락하는 불명예 사례가 다수 나타날 수밖에 없다.

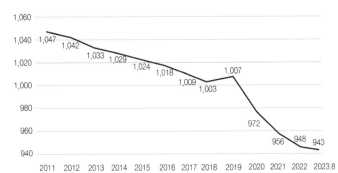

그림 10-2 상주시 인구 추이

그림 10-2 **상주시 인구 추이**

(단위: 백만 명)

경상북도 상주시 남원동	12,380	5,505	2.25
경상북도 상주시 북문동	9,180	4,275	2.15
경상북도 상주시 계림동	7,864	3,781	2.08
경상북도 상주시 동문동	8,373	3,871	2.16
경상북도 상주시 동성동	3, 694	1,761	2.10
경상북도 상주시 신흥동	9,082	4,122	2.20

'지방자치법' 제7조에 따르면, 현재 우리나라에서 시의 기준을 충족시키기 위해서는 "인구 5만 명 이상의 도시 형태를 갖춘 지역이 있거나, 전체 인구가 15만 명"이 넘어야 한다. 상주시를 보면, 전체 인구는 9만 4254명으로 인구 15만 명에 미달했다. 관내 여섯 개 동의 인구가 5만 573명(2020.10)으로 가까스로 5만 명을 넘

겨 도시 기준을 통과했다. 상주시의 인구가 정점이었던 1975년 22만 6000여 명에 비하면 절반에도 못 미치는 수치다. 축소도시가 되면 인구 감소와 일자리 부족으로 세수가 급감하면서 재정자립도가 낮아진다는 문제점이 생긴다.

실제로 국토연구원이 꼽은 20개 도시 전체의 재정자립도는 2015년 기준으로 30%에 미치지 못했고, 상주와 안동 등 5곳은 15% 미만으로 나타났다. 2017년 6월 국토연구원이 발표한 「국토정책 브리프」에 따르면, 전국 20개 도시(〈그림 10-2〉)에서 김천시와 같은 물리적 공급 과잉 현상이 발생하고 있다. 인구 데이터를 기반으로 '축소도시'를 추려낸 국토연구원은 "대부분의 축소도시가 인구가 감소하는 현 상황을 고려하지 않은 채 신규 개발용지 확보를 위해 달성 불가능한 수준의 계획인구를 설정하고 있다"라고 지적했다. 인구는 감소하는데, 물리적인 도시 인프라 공급만 늘리려는 잘못된 정책들이 이어지고 있다.

이와 같은 축소도시와 인구 감소 문제를 우리보다 먼저 경험한 일본에서는 '소멸위험지수'를 개발해 이를 정책에 활용하고 있다. 마스다 히로야(增田寬也)(2015)는 일본 사회가 40년 이내에 대도시만 남게 되는 '극점사회'가 될 것이라고 전망하면서 고령화

그림 10-3 **소멸위험지수**

$$소멸위험지수 = \frac{20\text{~}39세\ 여성\ 인구}{65세\ 이상\ 인구}$$

표 10-1 **소멸위험지수에 따른 5단계**

소멸위험지수	설명	비고
0.2 미만	소멸 고위험	0.5 이하 30년 내
0.2~0.5 미만	소멸 위험 진입	소멸 가능성 크다고 판단
0.5~1.0 미만	소멸 주의 단계	
1.0~1.5 미만	정상 단계	
1.5 이상	소렴 저위험	

자료: 한국고용정보원(2016).

에 따라 인구 재생산의 잠재력이 사라진 상황에서 젊은 여성이 살지 않는 지역은 유지되기 어렵다고 했다. 이를 설명하는 지표로 소멸위험지수를 제안했는데 인구소멸지수는 '65세 이상 고령인구 대비 20~39세 여성인구의 비율'로 산출한다(〈그림 10-3〉, 〈표 10-1〉 참조).

한국고용정보원(2023)은 주민등록 연앙인구(7월 1일 기준 인구)

등을 분석해 8월 기준 전국 226개 시군구 중 113곳(49.6%)이 '소멸위험지역'이라고 밝혔다. 소멸위험지역은 〈표 10-1〉에서 제시한 것과 같이 소멸위험지수가 0.5 미만인 곳이다. 소멸위험지역은 2020년과 비교해 11곳 늘었으며 새로 소멸위험지역이 된 지자체는 통영·포천·충주·나주·당진·속초·여수·동두천·익산·서산·군산 등으로, 수도권 외곽(포천, 동두천)이거나 제조업이 쇠퇴한 곳(통영·군산 등)이 포함되었다. 반면 소멸위험지수가 1.5 이상인 '소멸저위험지역'은 한 곳도 없었고, 지수가 1.0 이상 1.5 미만인 정상지역도 23곳에 그친 것으로 나타나 앞으로의 전망도 어둡게 했다.

지방도시의 원도심에서 빈집 비율을 의미하는 '공가율'도 급격히 증가했다. 2021년 인구주택 총조사(센서스)를 통해 측정한 전국의 빈집 수는 약 139만 5256가구, 공가율(2019년)은 8.4% 수준인 것으로 나타났다. 1995년 센서스 조사 당시 약 3만 6000가구에 불과했던 것을 감안하면 빠르게 늘어난 수치이다. 조사에서 따르면 빈집은 '시골'로 규정하는 '면' 지역보다 시지역인 '동' 지역에서 더 가파르게 늘고 있다. 특히 지방 중소도시의 원도심에서 두드러졌다.

그림 10-4 **인구소멸위험지역**

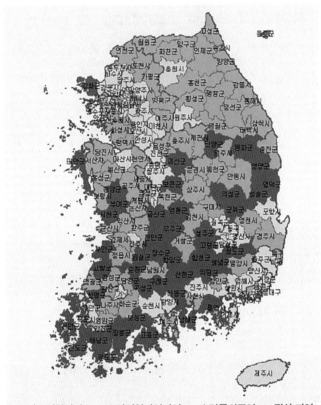

■ 소멸고위험지역　　■ 소멸위험진입지역　　■ 소멸주의구역　　■ 정상 지역

자료: 한국고용정보원(2022).

인구 감소와 도시 소멸 문제에 대한 해결 방안을 제시한 『지방 도시 살생부』의 저자 마강래 중앙대학교 도시계획부동산학과 교수는 "광역 단위로 행정구역을 정비하고, 그 안에서 도시의 위계를 정해 서로 역할을 분담하게 해야 한다. 광역 단위 간에는 분권과 균형이 필요하지만 226개 기초자치단체 모두에게 균형을 맞출 수는 없다"(마강래, 2017)라고 지적했다. 수도권에서 지방으로 대규모 인구가 이동하지 않는 이상, 빈집과 도시 슬럼화 문제는 전국 곳곳에서 불거질 가능성이 높다. 규모가 작은 지방도시일수록, 그 후유증은 깊을 수밖에 없다. 지방 '축소도시'에서는 아파트 건설이 늘고 있지만, 그만큼 빈집도 증가한다.

고용정보원(2019)은 '지방소멸 2019'를 공개했다. 여기에 수도권 시 가운데 여주가 처음으로 포함되었다. 아울러 초고령사회 진입에 따라 폐교되는 초등학교가 늘어나고 있다. 소멸위험지역은 97곳으로 1년 새 8곳이 늘었다(≪중앙일보≫, 2019.11.14).

인구소멸도시의 대안으로 등장한 컴팩트시티

인구 감소 도시의 개발 밀도와 토지 이용 변화에 따라 도심 활력 유도, 공동체 복원, 컴팩트시티 개념 도입 등이 대안으로 떠오르고 있다. 컴팩트시티compact city는 1970년대 MIT 학자 단치그와 사티가 제시한 개념으로, 지속 가능한 형태를 갖춘 가상도시를 말한다. 일정한 지역 안에 도시의 기능을 압축해 공간과 시간 등 자원을 효율적으로 활용하면서 시민들의 만족도를 높이는 방안이다.

컴팩트시티는 도시의 공적 확산을 지양하고 주거, 직장, 상업, 서비스 등 도시 기능을 기존 도심 내부로 수용해 밀집된 개발과 토지 이용을 유도한다. 시 경계 내에서의 개발을 지향해 도시 외곽의 신규 개발 억제, 환경 파괴 방지, 에너지 절약과 대기 오염을 감소시킨다. 도시기본계획은 지속적인 도시 성장을 전제로 수립된다. 중앙정부에서는 도시기본계획 수립 지침을 수정해 인구감소도시에 맞는 도시기본계획 틀을 제시하고, 재정 보조 등 인센티브를 제공해 계획 실행을 유도한다. 이렇게 하면 지방자치단체는 기존 성장 중심에서 벗어나 인구 감소 추이에 적극 대응해 실효성을 높일 수 있다.

인구 감소 대응 계획과 시책 추진에 국가 재정을 지원한다. 지역개발 사업 지원 방향을 무리한 신규 개발사업에서 인구감소도시 지원법 제정과 계획 작성으로 바꾸고 재정을 지원해야 한다.

도시재생 사업 등 지역 활성화를 위한 정책사업의 증가와 함께 지역사회 차원의 지속가능성 문제가 대두되었다. 도시재생 사업은 하드웨어 사업보다 경쟁력 있는 소프트웨어 콘텐츠의 발굴을 강조하고 있으나, 사업 이후의 추진 주체 형성 면에서는 미흡한 점이 많다.

지역활성화 방안으로서 시민자산화

지역활성화사업 과정에서 원주민이 정착하지 못하고 내몰리는 '둥지 내몰림(젠트리피케이션)' 현상 역시 추진 주체의 지속가능성 문제와 연결된다. 도시재생 등 지역 활성화를 위한 다양한 사업의 자생력을 확보하고 지속가능성을 강화할 수 있는 전략으로 시민자산화 개념을 제시했다.

'시민자산화'란 지역 기반 공동체 조직을 통해 그 지역의 토지와 건물 등 자산을 소유·운영하여 이를 공동체에 재투자함으로써 지속 가능한 지역사회 발전을 위해 공유자산을 형성하는 전략을 의미한다. 시민자산화는 국공유public ownership와 사유private ownership를 넘는 제3의 소유 영역으로 제시한다. 시민자산화의 형태는 시민, 사회적 조직, 공동체 구성원과 같은 주체들이 개별

표 10-2 **시민자산화의 주요 사례**

토지은행(Land Bank)

개발신탁(Development Trust)

공동체토지신탁(Community Land Trust: CLT)

부동산투자협동조합(Real Estate Investment Cooperative: REIC)

지역공동체 재단(Community Foundations)

마을 공동체 주식(Community Shares)

적으로 자산화하는 경우를 비롯해 복합적으로 구성되는 방식까지 다양하다.

공동체투자신탁CLT은 대표적인 시민자산화 유형으로, 지역 기반의 비영리·사회적 경제 조직이 토지를 기반으로 지속 가능한 공동체 형성을 촉진한다. 공동체 토지신탁의 주요 특징은 ① 지역공동체 기반 조직, ② 비영리기구, ③ 소유권 분리, ④ 영구적 토지 임대, ⑤ 지불가능성affordability, ⑥ 실거주자 중심의 관리·운영, ⑦ 민주적 의사결정 거버넌스(1 : 1 : 1, 거주자 : 지역주민 및 전문가 : 공공기관 대표자 등), ⑧ 지속적인 토지 확보와 유연한 개발 등으로 요약할 수 있다(김륜희·윤정란, 2017).

관련 사업의 전개 과정에서 시민자산화의 정책적 가치와 함께 추진 주체의 사회적 가치가 변질 또는 상실되면서 구성원 간의 의사소통 문제로 인한 갈등 가능성 등도 있다. 현재 국내 사례를 보면 국가나 지방자치단체가 소유한 자산을 임대하거나 위·수탁하여 운영하는 단계에 있다. 공공재산을 임대·위탁하는 방식은 민간 차원에서 다수의 참여를 담보하기 어렵고, 지속가능성 역시 불안정하므로 공유자산commons으로 기능하기에 부족하다.

경기도 역시 민선 6기 지방자치 운영 과정에서 굿모닝 하우스, 따복 기숙사(https://youtu.be/j79lGwGQcy0) 등 주요 공공시설에 대한 사회적 경제 조직의 위탁 운영 모델을 도입해 왔으나, 공동체 차원의 대표성이나 지속가능성 차원에서 유사한 한계를 보였다. 그럼에도 불구하고 공동체나 사회적 경제 조직 등에 사업 참여 경험을 제공한다는 측면에서 정책적 시사점 제공한다. 이 외에도 공유자산을 통한 지역공동체의 자립 기반 마련과 공익 활동에 대한 지원을 위해 지역공동체 재단을 설립하려는 노력도 추진되기 시작했다(전대욱, 2017).

지역공동체재단이란 미국 클리브랜드재단 등 미국, 캐나다 및 유럽 등지에서 지역공동체 활성화를 위해 설치된 단체로서, 현재 전 세계 70여 개국에 1만 8000여 개의 지역재단이 설립되어 운영되는 것으로 파악된다. 국내에서도 부천 희망재단, 천안 풀뿌리 희망재단, 성남 이로운재단, 부산 창조재단과 같은 지역공동체 재단이 설립되어 운영 중이다. 시민자산화의 제도적 정착을 위해서는 공유자산 신탁, 금융기관 등 관련 추진 주체의 형성이 필요하다. 공유자산 신탁은 시민자산화를 수행하는 조직이자 제도로서, 자산의 영구적 소유를 통한 지불가능성을 보장해 주는 주체이다(최명식·홍사흠, 2016).

시민자산화의 핵심 주체로 공동체투자신탁, 토지은행 등이 대표적인 사례이며, 최근 대두되고 있는 사회적 협동조합이나 재단 등의 형태도 가능하다. 공유자산 금융기관은 풀뿌리 금융에서 민간금융, 공공의 기금 등 다양한 자원이 활용 가능하며, 개발조직이란 공유자산의 토대 위에 사회적 목적을 실현하려는 조직을 의미한다.

국내 시민자산화 현황을 살펴보면, 역량을 가진 수행 조직이 충분히 형성되지 못했으며 시민자산화 주체 형성을 위한 금융·신탁 등 제도 개선이 선행되어야 한다. 지속 가능한 지역 활성화를 위해서는 지역 자원을 효과적으로 운영할 수 있는 시민자산화 전략의 추진이 요구된다.

단기적으로는, 지역 활성화 차원에서 사회적 가치에 기반을 두고 자산을 운영할 수 있는 역량을 지닌 사회적 목적의 조직들이 사업 경험을 축적하도록 지원한다. 기존의 자산관리 영역을 공동체 가치, 사회적 가치에 기반을 둔 관리 영역으로 전문화하는 조직 및 인력을 양성해야 한다. 장기적으로는 지역 차원에서 공적 사업의 개발, 운영 및 관리를 통합적으로 실행할 수 있는 주체를 육성해야 한다.

지역개발 주식 공모를 통한 지역개발 사례

샌디에이고 다이아몬드 지역 마켓크릭플라자Market Creek Plaza 는 버려진 공장지대를 개발하는 과정에서 주민이 주인이 되는 부동산 개발을 시도했다(최명식·홍사흠, 2016). 제이콥Jacobs재단은 '지역사회 혁신을 위한 제이콥센터JCNI'를 설립해 지역개발 과정에서 주민이 참여할 수 있도록 '지역개발 주민주식 공모Community Development Initial Public Offering' 방식을 도입했다. 2006년 419명의 투자자가 5만 주를 매입했으며, 주민 투자자들은 2008~2009년 투자금의 10%를 배당받았다. JCNI가 보유한 60%의 지분은 지역

주민 고용, 청소년 직업훈련, 문화 행사 개최 등 다양한 사회적 성과 달성에 사용했다.

국내에서도 시민자산화를 위한 초기 단계 정책 실험이 추진되었다. 시흥시는 원도심 활성화를 위해 공유재산을 활용한 시민과 함께하는 공동체 자산 확보 전략으로 시민자산화 시범사업을 추진했다. 시흥시의 시민자산화 시범사업(https://youtu.be/fzXDwBMqE40)은 시민자산화의 초기 형태로서, 시와 시민 조직이 공동의 소유를 전제로 한 것이 아니라 시의 공유재산 임대 방식으로 시작되었다. 사업 초기부터 대규모 자금을 형성하기 어려운 시민 조직의 특성을 감안해 초기에는 공유재산을 임대해 활용하면서 지속적인 비즈니스 활동을 구축하고, 향후에 공동체 자산으로 전환할 수 있도록 설계했다. 시흥시는 사업 주체인 예비 사회적기업과의 협약을 통해 시 차원의 시민자산화 제도 개선 노력과 민간 주체의 기금 적립 및 법인 설립 추진을 명시했다.

시흥시는 지역 활성화에 대한 요구가 높아지는 환경 속에서, 지속 가능한 공동체 기반의 사회적 경제 인프라 구축 전략의 지속적인 추진과 함께 공유 공간 경영을 통해 지역 문제를 해결할 수 있도록 중장기 로드맵을 수립해 시민자산화를 지속적으로 확대할 계획이다(≪한국시민뉴스≫, 2017.12.28).

스마트시티

스마트시티는 미래학자들이 예측한 21세기의 새로운 도시 유형으로서 컴퓨터 기술IT의 발달로 도시 구성원들 간 네트워크가 완벽하게 갖춰져 있고, 교통망이 효율적으로 짜인 것이 특징이다. 학자들은 현재 미국의 실리콘밸리를 모델로 삼아 앞으로 다가올 스마트시티의 모습을 그려보고 있다. 스마트시티는 텔레커뮤니케이션tele-communication을 위한 기반시설이 인간의 신경망처럼 도시 구석구석까지 연결된다. 사무실에 나가지 않고도 집에서 모든 업무를 처리할 수 있는 텔레워킹teleworking이 일반화될 것이다. 국가의 지원을 기다리기 전에 도시 내부에서 스스로 문제를 해결하려는 성향이 강해질 것이다.

또 사이버 세계에 대해 충분한 지식을 갖고 있지 않은 정치 지도자들은 스마트시티의 시민들에게 지지를 받을 수 없다. 스마트시티와 비슷한 개념으로는 공학기술이 고도로 발달한 도시를 나타내는 테크노피아, 네티즌이 중심이 되는 도시를 나타내는 사이버시티, 거대도시의 새로운 형태를 의미하는 월드시티 등이 있다.

인구 감소로 소멸 위기에 처한 지방의 현실을 심층 진단한 KBS창원 다큐멘터리 〈소멸의 땅〉(연출 이형관·촬영 이하우)은 2020년 12월 방송되었다. 옴니버스 형식의 1부 '위기의 전조', 2부 '쏠림과 빨림', 3부 '공멸과 공생 사이'를 방영해, 지방 소멸 문제의 현상과 원인, 대안을 통해 "지방의 위기가 곧 국가 위기로 이어진다"라는 메시지를 전했다. 제작진은 한국과학기술원KAIST 연구진과 협업해 전국 읍·면·동 단위 빈집 지도를 최초로 제작해 공개했고, 정치인과 정책 담당자, 관련 전문가 및 교수 등을 인터뷰해 심층적인 대안을 모색했다. 다큐멘터리에서 제작진은 "취재 현장에서 10년 뒤에는 지방도시의 모습을 다시 못 볼 수 있다는 무서운 생각이 들었다"며 "지방의 위기가 곧 나라의 위기라는 점을 인식해 줬으면 좋겠다"라고 밝혔다. 주요 내용은 아래와 같다.

공생과 공멸 사이

지방소멸 문제는 지방의 이야기가 아니라 대한민국 전체의 이야기다. 계속되는 수도권 인구 집중은 '부동산 폭등'에 따른 사회

갈등, 경쟁 심화로 인한 '초저출산', 자치 단체 파산에 의한 천문학적 세금 부담 등의 문제를 낳는다. 공생을 위한 해법은 없을까?

지방소멸 문제에 대해 사람들은 말한다. 모두가 수도권에 살면 되는 것이 아니냐고. 그렇지 않다. 수도권에 모든 것이 집중되는 나라는 '공멸'의 시나리오를 밟을 수밖에 없다. 특히, 최근 코로나 19로 공멸의 시나리오는 앞당겨지는 실정이다. 그렇다면 공생의 해법은 없을까. 현재 우리나라 기초자치단체 수는 226개다. 바꿔 말하면 의사결정 단위가 226개라는 뜻이다. 사정이 이렇다 보니, 실패한 사업에 중복 투자하는 등 예산 사용의 효율성이 떨어지고 있다. 너무나 세분화된 지방분권이 소멸을 가속화하는 셈이다. 모두를 전부 살릴 수는 없다. 새로운 공간 전략이 필요하다.

일본은 '뭉쳐서' 살아남았다. 단일 도시의 인구 확보만을 목표로 하는 과거 정책은 지자체 간 경쟁과 갈등을 심화하고, 해당 도시와 중앙정부의 재정 부담을 가중하는 부작용을 일으켰다고 판단했다. 이에 전국 곳곳에 연계 중추도시권을 설정하고 있다. 연계 중추도시권이란 지역에서 상당 규모의 중추성(인구 20만 명 이상)이 있는 권역의 중심 도시를 지정해 인프라와 행정 기능을 압

축한 뒤 인근 시, 정, 촌 등과 네트워크로 연결하는 권역을 말한다. 일정 이상의 권역 인구를 가지고 활력 있는 사회경제를 유지하자는 것이다. 이미 성공 사례도 나오고 있다. 연계 중추도시권으로 인프라를 확보하고 인구 감소를 막은 일본 하리마 권역이 그것이다. 2016년 권역 설정 후 중심이 되는 연계중추도시(중심도시)는 히메지(姬路)로 이 시의 인구는 50만 명을 돌파해 꾸준히 늘고 있다. 연계중추도시권 설정 후 권역의 전체 인구도 130만 명을 돌파해 늘어나는 추세다. 지방 소멸을 막기 위한 시간은 아직 남아 있다. 그리고 그 방법 또한 있다. 블랙홀 같은 수도권에 지방이 빨려 들어가지 않기 위해 이제 어떻게 해야 할까?(KBS창원 특집다큐 〈소멸의 땅〉, 2021.1.7).

권병일·권서림(2020)은 저서 『디지털 트렌드 2021』 중 「도시가 하나의 유기체처럼 움직인다면」이라는 글에서 스마트시티는 데이터 기반 AI로 도시를 지배하고 통제한다고 했다. 스마트시티는 도시 통제력을 가질수록 시민의 활동 데이터가 축적되는데 시민의 자유와 프라이버시를 침해한다. 시민의 이동, 생체, 위치, 건강, 커뮤니케이션 등을 실시간으로 수집해 코로나19와 같은 감염병 예방에 필요한 데이터를 얻는다. 구글이 2015년부터 캐나다 밴쿠버에서 추진한 스마트시티를 2020년 6월 백지화한 이유도 밴쿠버 주민들의 개인정보에 대한 부정적인 의견 때문이었다.

우리나라 지방자치단체에서도 스마트시티를 준비하고 있으나 다양한 각도에서 조심스럽게 도입해야 한다고 주장한다. 스마트시티의 장점은 암스테르담에서 찾을 수 있다. 2009년 안전한 암스테르담 스마트시티ASC 플랫폼을 만들었다. 200개 이상의 앱을 통해 다음과 같은 기능을 활용할 수 있으며, 이를 통해 교통량을 10% 감소시켰다.

암스테르담 혁신 경기장

경기장 지붕의 태양광 패널과 재생 배터리로 친환경 에너지를 저장하여 주택과 전기 차 충전에 활용

모비파크

소유자가 자동차 주차 공간을 유료로 임대하고 관련 데이터를 수집해 주차 수요와 교통 흐름을 개선하는 것에 활용

스마트 에너지 미터기

에너지 소비를 줄이고 발생한 인센티브를 주택에 제공

스마트 교통량 관리

실시간으로 도시의 교통량을 모니터링하고, 특정 도로의 운행 시간 정보 활용

가로등 관리 앱

자전거 타는 사람이 지나가면 가로등이 밝아지는 애플리케이션

시티젠 프로젝트

1만 가구 규모의 스마트 그리드 형성, 가정과 전기 차의 에너지 효율을 최적화하며 지하 열에너지 저장기술 활용

암스테르담 스키폴 공항 지도

탑승 게이트 정보, 길 안내, 음식점 위치 등 공항 안내 지도를 사용자 위치 기반으로 전송

가상교통량 관리자

통합된 교통 플랫폼으로 교통량을 자동으로 관리하는 시스템, 이를 통해 도심 교통량이 10% 감소

스마트시티는 디지털 혁신으로 로봇, IOT, AI, 빅데이터, 블록체인 등의 기술을 적용해 합리적이고 혁신적으로 도시 생태계를

바꿔나간다. 시민의 삶의 질을 높이고 자원의 활용, 폐기물 절감, 거버넌스 효율화를 가능하게 해 신산업 플랫폼, 자율주행차, 공유경제, 드론 교통, 로봇 기술로 편리한 도시를 만들어간다. 우리나라의 사례로는 세종시를 들 수 있는데, 세종시는 맞춤형 도시 모델을 위해 다음과 같은 7대 혁신을 도입했다.

모빌리티

카셰어링, 카헤일링 등의 공유 모빌리티, 자율주행차

헬스케어

원격 진료, AI 기반 스마트 문진, 스마트 응급 호출, 드론 활용 긴급구조

교육

에듀테크, 온라인 교육, 3D 프린터, 개인 맞춤 학습

에너지

CEMSCustomer Energy Management System, 이웃 간 전력 거래, 제로 에너지 건축물 건축

거버넌스

디지털 트윈, 블록체인 기반 모바일 선거, 시민참여 기반 리빙

랩 운영

문화

수요자 맞춤형 문화, 예술, 쇼핑 추천, 지역화폐 결제, 자율주행 쇼핑 카트, 무인 배송

일자리

창업 인큐베이터센터 구축, 해외 도시와 교차 실증 추진

스마트시티의 발전 전망

스마트시티는 시간이 지나면서 진화하고 있다. 리처드슨과 코헨(Richardson and Cohen, 1993)은 스마트시티의 진화 단계를 세 가지로 구분했다. 스마트시티 1.0은 기술 주도로 공급자 중심의 접근 방식이다. 스마트시티 2.0은 도시 주도의 기술 적용 방식이다. 스마트시티 3.0은 시민 공동 창조 방식이다. 향후 스마트시티 구축은 코로나19 같은 감염병에 대한 대책을 반영해야 한다. 빅데이터를 기반으로 감염 환자의 이동을 추적하고 시민에게 효과적으로 정보를 제공해야 한다.

지방정부의 관리시스템을 현대화해 사회적·경제적 대응을 수행하고, 대도시를 도시 클러스터와 중심도시 분산하여 인구의

과밀을 해소해야 한다. 또한 디지털 헬스케어 시스템을 갖추고 화상회의 및 원격 강의 등 인프라를 갖춰 스마트시티를 구축해야 한다.

1. 축소도시가 생겨나는 이유는 무엇인가?

2. 우리 지역은 미분양이나 축소도시의 우려는 없는가?

3. 스마트시티, 시민자산화란 무엇인가?

4. 우리는 도시의 미래를 위해서 어떤 노력을 해야 하는가?

미국 라스베이거스

Las Vegas—
What Happens Here, Stays Here

- 네바다주에 위치한 최대 도시이며, 카지노와 관광의 도시이다.

- 결혼과 이혼 수속이 간단한 곳으로 알려져 있다.

- 후버댐 건설로 사람들이 모여살기 시작하면서 레저와 휴양도시로 성장했다.

● **배경**: 라스베이거스는 CES와 같은 대형 컨벤션들이 열리면서 도시의 이미지가 비즈니스 중심으로 또 한 번 변화했다. 라스베이거스를 상징하는 슬로건은 "라스베이거스에서 일어난 일은 라스베이거스에 남는다(What Happens Here, Stays Here)"로 2003년 같은 이름의 광고 캠페인은 도박을 포함해 다양한 자유를 누릴 수 있는 성인 휴양지로 라스베이거스를 포지셔닝했다. 이

러한 이미지는 관광산업의 폭발적인 성장을 불러왔으나, 여러 범죄가 발생하는 등 치안이 악화되어 내부 거주민들에게 불편을 주기도 했다.

2016년 10월에 발표된 새로운 라스베이거스의 로고도 '세계의 유흥 수도'로서의 라스베이거스를 표현했다. 라스베이거스는 '과거의 화려한 시대와 걸맞은 상징적(iconic)이면서 시대를 초월하고(timeless), 진보적이면서 (progressive) 현대적이며(modern) 동시에 신선하고(fresh) 흥미로운 (exciting) 브랜드'라는 기준을 제시했다. 새로운 로고는 분홍색의 호화로운 이미지를 통해 화려하고 즐거운 라스베이거스를 표현했다는 평을 들었다.

- **문제점**: 새로운 로고는 1년도 되지 않은 2017년 5월, 사용이 중지되었다. 시의회는 새로운 로고의 이미지가 너무 가볍기 때문에 공적인 업무에 사용하기 어려우며 도시의 상징으로서 적합하지 않다는 의견을 밝혔고, 결국 이러한 의견은 받아들여졌다. 결과적으로 과거부터 사용되던 도장 형태의 로고가 다시 전면적으로 사용되었고, 2만 달러라는 시민들의 세금을 투입했던 라스베이거스의 새로운 시도는 실패로 끝나게 되었다.

- **평가**: 이는 공모 단계부터 명확한 정체성을 제시하지 못해 발생한 일이다. 라스베이거스는 화려한 과거를 중심 정체성으로 정했으나, 다양한 수식어들로 이를 공허하게 만들었다. 또한, 도시브랜드의 적용 범위를 명확하게 지정하지 못했다. 라스베이거스는 기존에 사용되던 도장 형태의 로고와 새로운 로고를 동시에 사용하려 했으나, 이는 업무에서 혼란을 가중시켰다. 무엇보다 충분한 사전조사와 이를 기반으로 정체성을 개발하려는 노력이 부족했

으며, 이러한 과정에서 시민들의 참여가 제대로 반영되지 못했다는 점을 가장 큰 요인으로 볼 수 있다.

자료: 서울시 도시브랜드 자료실(https://url.kr/zxsdc8)(검색일: 2022.2.28).

11
—
젠트리피케이션과 도시재생

젠트리피케이션은 중산층 이상의 계층이 비교적 빈곤층이 많이 사는 정체 지역으로 진입해, 낙후된 구도심 지역에 활기를 불어넣으면서 기존의 저소득층 주민을 몰아내는 현상을 이르는 말이다. 1964년 영국 사회학자 루스 글래스Ruth Glass가 런던 도심의 황폐한 노동자 거주지에 중산층이 이주를 해오면서 지역 전체의 구성과 성격이 변하자 이를 설명하면서 처음으로 사용한 말이다. '신사 계급, 상류 사회, 신사 사회의 사람들'을 뜻하는 gentrify와 화(化)를 의미하는 fication의 합성어다. 성공회대학교 동아시아연구소 HK 연구교수 이기웅은 일반적으로 젠트리피케이션은 "값싼 작업 공간을 찾아 예술가들이 어떤 장소에 정착하고 그들의 활동을 통해 지역의 문화 가치가 힙하고 핫한 장소로 인기를 끌면, 개발자(자본)들이 들어와 이윤을 획득하는 방식"으로 정의했다.

미학은 젠트리피케이션의 견인차 역할을 했다. 미학을 강화할수록 도심은 관광지가 된다. 특히 노동계급의 거리문화가 스펙터클하게 전환되면서 참혹했던 슬럼의 흔적들은 트렌디한 카페

옆에서 위험을 벗은 시각적 쾌락이 대상으로 거듭났다. 산업사회의 유물인 창고와 공장 건물은 가난한 예술가들의 거주지를 거쳐 부유층의 '힙한' 주거 공간으로 업그레이드되었다. 구획되지 않은 내부와 벽돌이 드러난 벽면, 높은 천장 등으로 대표되는 '뉴욕 로프트loft' 스타일은 도시적 '쿨함'의 상징이 되어 세계적 차원에서 복제 대상이 되었다(https://brunch.co.kr/@evesy/108).

로프트의 사전적 정의는 '예전 공장 등을 개조한 아파트'다. 뉴욕 소호지역의 로프트는 항구도시 뉴욕이 무역과 산업 도시로 성장하던 초기 공장지역에서 많이 생겨났다. 공업의 쇠퇴로 공장이 문을 닫아 버려진 건물을 예술가에게 임대하면서 이들을 대상으로 한 미술관과 표구사가 늘어났고, 작품을 사려는 사업가가 찾아오기 시작했다. 높은 천장의 주거 형태가 뉴요커의 상징이 되고, 명품 숍이 들어서면서 오늘날 소호거리가 명품거리로 인식되었다. 한국의 젠트리피케이션과 유사한 과정으로 진행되었다. 가난하지만 개성 있는 화가, 조각가, 의상 디자이너, 액세서리 디자이너, 목수, 사진작가, 인디밴드 등이 모여, 독특하고 예술적인 공동체 문화를 만들었던 서울 홍익대학교 인근과 망원동, 상수동, 삼청동, 신사동 가로수길, 경복궁 옆 서촌, 경리단길(망리

그림 11-1 **EBS 세상의 모든 법칙, 젠트리피케이션**

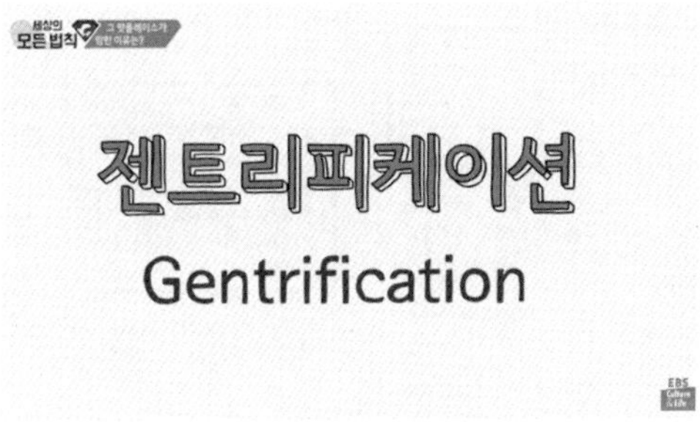

자료: 〈EBS 세상의 모든 법칙: 그 핫플레이스가 망한 이유는?_#001〉, https://youtu.be/cdAgxXm5YjY

단길, 황리단길), 성수동 등 이른바 핫 플레이스에서 젠트리피케이션이 확인된다.

이 지역에서만 누릴 수 있었던 독특한 분위기(장소성)를 만들어내던 카페 등이 유명해져 유동인구가 늘어나자 가맹점(프렌차이즈)을 앞세운 기업형 자본들이 물밀듯이 들어와 임대료를 높여 가난한 예술가나 기존 거주자들을 몰아내기 때문이다. 이런 이유 때문에 '젠트리피케이션'이 '공간이 곧 돈'인 서울에서 지역 기반의 공동체가 뿌리를 내리지 못하게 하는 결과를 낳는다는 지적을 받았다. 제주도에서도 젠트리피케이션 현상이 심각하게 나타나고 있다. "서울에서 나타나는 '몸살'이 최근 5~6년 주기로 나타

그림 11-2 **도시재생 관련 칼럼**

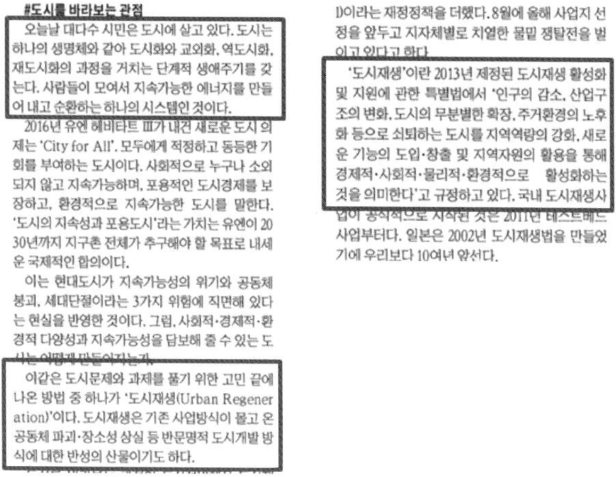

#도시를 바라보는 관점

오늘날 대다수 시민은 도시에 살고 있다. 도시는 하나의 생명체와 같아 도시화와 교외화, 역도시화, 재도시화의 과정을 거치는 단계적 생애주기를 갖는다. 사람들이 모여서 지속가능한 에너지를 만들어 내고 순환하는 하나의 시스템인 것이다.

2016년 유엔 헤비타트 Ⅲ가 내건 새로운 도시 의제는 'City for All'. 모두에게 적정하고 동등한 기회를 부여하는 도시다. 사회적으로 누구나 소외되지 않고 지속가능하며, 포용적인 도시경제를 보장하고, 환경적으로 지속가능한 도시를 말한다. '도시의 지속성과 포용도시'라는 가치는 유엔이 2030년까지 지구촌 전체가 추구해야 할 목표로 내세운 국제적인 합의이다.

이는 현대도시가 지속가능성의 위기와 공동체 붕괴, 세대단절이라는 3가지 위험에 직면하고 있다는 현실을 반영한 것이다. 그럼, 사회적·경제적·환경적 다양성과 지속가능성을 담보해 줄 수 있는 도시는 어떻게 만들어지는가.

이같은 도시문제와 과제를 풀기 위한 고민 끝에 나온 방법 중 하나가 '도시재생(Urban Regeneration)'이다. 도시재생은 기존 사업방식이 몰고 온 공동체 파괴·장소성 상실 등 반문명적 도시개발 방식에 대한 반성의 산물이기도 하다.

ㅣ)이라는 재정정책을 더했다. 8월을 올해 사업지 선정을 앞두고 지자체별로 치열한 물밑 쟁탈전을 벌이고 있다고 한다.

'도시재생'이란 2013년 제정된 도시재생 활성화 및 지원에 관한 특별법에서 '인구의 감소, 산업구조의 변화, 도시의 무분별한 확장, 주거환경의 노후화 등으로 쇠퇴하는 도시를 지역역량의 강화, 새로운 기능의 도입·창출 및 지역자원의 활용을 통해 경제적·사회적·물리적·환경적으로 활성화하는 것을 의미한다'고 규정하고 있다. 국내 도시재생사업이 공식적으로 시작된 것은 2011년 테스트베드 사업부터다. 일본은 2002년 도시재생법을 만들었기에 우리보다 10여년 앞선다.

자료: ≪인천일보≫, 2018.7.12.

난다면 제주의 속도감은 '홍역 수준'"으로 "중국인 관광객 증가에 맞춰 신제주 바오젠 거리가 조성된 지 불과 2~3년 만에 하늘 높은 줄 모르고 치솟는 임대료에 먼저 터를 잡았던 상인들이 하나둘 쫓겨났다.

이처럼 도시의 성장과 쇠퇴 과정에서 젠트리피케이션과 같은 현상이 나타나자 이를 개선하기 위해 도시재생이 새로운 해법으로 제시되고 있다. 도시재생은 재개발과 재건축으로 자본의 이익을 극대화하는 방식이 아닌 기존의 공동체를 지켜가면서 더 살기 좋게 지속 가능한 도시를 만들기 위한 대안으로 주목받았다. 도시재생은 2013년 제정된 '도시재생 활성화 및 지원에 관한 특별법'에서 인구의 감소, 산업구조의 변화, 도시의 무분별한 확장, 주거환경의 노후화 등으로 쇠퇴하는 도시를 지역 역량 강화, 새로운 기능의 도입과 창출, 지역자원의 활용을 통해 경제적·사회적·물리적·환경적으로 활성화하는 것을 의미한다.

우리에게 주어진 숙제 '도시재생'

강원도 원주시의 경우, 주거지지원형 도시재생에 도전하는 봉산동은 무위당 장일순 선생의 생가를 활용한 무위당 거리 조성을 비롯해 기념품과 생필품을 판매하는 한살림 특화거리로 조성된다. 또 봉산동에 노후된 주택과 빈집이 많은 만큼 주택개량 사업도 함께 추진된다. 우산동은 상지대가 지역경제에 큰 축을 차지하고 있는 만큼 대학타운형 사업에 도전장을 냈고 사업에 선정되었다.(≪강원도민일보≫, 2018.11.19).

우산동의 경우 "꿈을 펴는 우산, 함께 쓰는 우산, 너와 나의 우산"을 비전과 슬로건으로 삼아 지속 가능한 도시재생을 위해 골

그림 11-3 원주 우산동 도시재생 비전과 목표, 추진체계, 슬로건

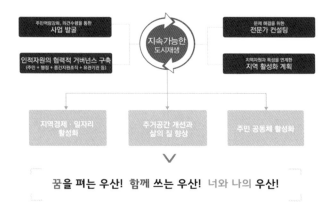

꿈을 펴는 우산! 함께 쓰는 우산! 너와 나의 우산!

목경제, 일자리 활성화, 주거 공간 개선과 삶의 질 향상, 주민 공동체 활성화를 추진 전략으로 삼았다. 이후 2021년 '상지대와 함께 꿈을 펴는 우산마을 도시재생 뉴딜 사업'이 국토교통부 도시재생 사업에 선정되어 4년간 177억 원의 사업비가 투입된다(≪강원신문≫, 2021.10.1). 예비 창업자를 위한 꿈드림 희망나눔센터 건립과 주민협의체 등 상생 레지던스를 위한 기숙 공간이 마련된다. 우산동은 2000년대 단계동 신시가지 조성 이후 상권 기능이 쇠퇴했으나, 이 사업으로 대학과 도시재생을 성공적으로 준비하여 활력을 회복하고 주거복지를 실현하며, 대학과 마을의 상생을 목표로 하고 있다(우산동 도시재생현장지원센터).

1. 젠트리피케이션의 뜻은 무엇인가?

2. 도시재생이란 무엇인가?

3. 도시재생과 도시 재개발의 차이는 무엇인가?

4. 우리 도시에 필요한 것은 도시재생인가,
   도시 재개발인가?

5. 우산동 도시재생 사업의 주요 내용은 무엇이 있는가?

네덜란드 암스테르담

Amsterdam — I amsterdam

- 네덜란드의 수도이자 최대 도시이다.

- 12세기 암스텔강 하구에 둑을 쌓아 건설된 도시로, 암스테르담이라는 지명은 여기서 유래했다.

- 인구는 82만 명이며 하이네켄 공장, 빈센트 반 고흐 박물관 등이 유명하다.

● **배경**: 암스테르담이 2004년 소개한 'I amsterdam'은 도시마케팅의 시작을 알렸던 뉴욕의 'I ♥ New York' 이후 가장 성공적인 도시브랜드 중 하나이다. 간단한 언어유희와 깔끔한 디자인은 사람들의 인식에 쉽게 다가갔고, 슬로건은 수많은 조형물 등에 활용되었다. 이와 같은 성공의 배경에는 충분한 사전조사를 통한 체계적인 도시브랜드 전략이 있었다. 브랜드 전략이 시작

된 2002년, 암스테르담은 뚜렷한 이미지가 없었고 각종 지표에서 하락세를 겪고 있었다. 기획에는 시 당국뿐만 아니라 지역 내 기업이나 지자체, 마케팅 기관 등이 다양하게 참여했으며, 각자의 이해관계를 넘어선 노력으로 암스테르담의 발전에 기여했다. 이들은 2년여에 걸쳐 암스테르담의 미래와 방향, 정책, 커뮤니케이션, PR 등에 대해 논의했다.

- **솔루션**: 도시 마케팅과 관련된 내용 및 구성을 위한 기초를 닦은 Berenschot의 최초 보고서 "Choosing Amsterdam"은 암스테르담을 분석해 강점과 약점을 확인했다. 이를 기초로 16개의 핵심 가치와 일곱 개의 목표집단을 선정했다. 도시 마케팅 활동을 진행할 조직인 '암스테르담 파트너스'가 2004년 3월 출범했다. 이와 동시에 시 당국과 협력 파트너들의 체계와 역할 등이 정해졌다. 암스테르담이 지닌 다양한 강점을 담아낼 수 있으면서도 매력적인 슬로건이 필요했는데, "I amsterdam"은 이러한 조건을 충족했다. 이 슬로건은 도시브랜딩 과정에서 가장 중요한 시민들의 자부심을 높였다.

- **성과**: I amsterdam을 활용한 사례 중 가장 유명한 것은 조형물인 'I amsterdam letters'일 것이다. 왕립박물관, 반 고흐 미술관 등이 있는 박물관광장(Museumplein)에 위치했던 해당 조형물은 수많은 관광객의 사진 명소(photo spot)가 되었다. 암스테르담에서는 'Enjoy & Respect' 캠페인을 운영해 관광객의 시민의식을 높이고 거주민의 삶의 질을 향상하기 위해 노력하고 있다.

자료: 서울시 도시브랜드 자료실(https://url.kr/zxsdc8)(검색일: 2022.2.28).

12

도시브랜드를 만드는 브랜드

그림 12-1 **세계에서 가장 아름다운 도시 톱 20**

1 파리(프랑스)
2 뉴욕(미국)
3 런던(영국)
4 베네치아(이탈리아)
5 밴쿠버(캐나다)

6 바르셀로나(스페인)
7 케이프타운(남아공)
8 샌프란시스코(미국)
9 시드니(호주)
10 로마(이탈리아)

11 싱가포르(싱가포르)
12 리스본(포르투갈)
13 암스테르담
(네덜란드)
14 프라하(체코)
15 리우데자네이루
(브라질)

16	17	18	19	20
부다페스트(헝가리)	이스탄불(터키)	도쿄(일본)	빈(오스트리아)	부에노스아이레스(아르헨티나)

자료: 순위는 ≪중앙일보≫(2019.12.20) 참고.

　여러분이 생각하는 세계에서 가장 아름다운 도시는 어디인가? 파리, 시드니, 밴쿠버, 프라하, 뉴욕, 런던 ……. 이런 글로벌 도시들을 우리 국민들은 선호한다고 알려져 있다. 세계인들에게 서울은 어떤 도시로 인식될까? 한 조사에 따르면 서울이 '세계에서 가장 아름다운 도시 TOP 50' 중 40위를 차지했다. 캐나다의 글로벌 여행 예약 사이트 '플라이트 네트워크Flight Network'에서 전 세계 여행 작가, 블로거, 여행 에이전시 등 여행 전문가 1000명 이상의 의견을 종합한 결과다. 서울을 "대한민국의 수도로 인식하며 네온사인과 수천 년의 전통이 공존하는 감각적인 도시"로 인식한 것으로 나타났다(≪중앙일보≫, 2019.12.20). 이 조사에서는 프랑스 파리가 1위, 미국 뉴욕이 2위를 차지했는데 파리는 에펠탑과 루브르 박물관, 샹젤리제 거리가 높이 평가되며, 뉴욕은 공학과 인간의 노력에 의해 만들어져 새로운 것을 만날 수 있는 도시라는 점이 높이 평가되었다. 3위부터는 영국의 런던, 이탈리아 베네치아, 캐나다 밴쿠버, 스페인 바르셀로나, 남아프리카공화국 케이프타운, 미국 샌프란시스코, 호주 시드니, 이탈리아 로마가 10위에 올랐다. 과연 각 도시의 어떤 매력이 전문가들의 마음을 사로잡았으며 이를 하나의 브랜드로 인식하는 결과를 거둘 수 있었을까? 우리나라 서울을 비롯한 도시들도 시사점을 얻을 수 있다면 도시 브랜딩에 도움이 될 것이다.

2010년 한국을 방문한 네덜란드 여행 작가 겸 소설가 세스 노터봄Cees Nooteboom은 한 인터뷰에서 "나에게 여행은 질러가는 길이 아니라 둘러 가는 길"이라며 "그런 과정을 통해 여행은 내가 할 수 있는 일과 할 수 없는 일이 무엇인지 깨닫게 해준다"라고 말했다. 그가 지금껏 발표한 소설 9권은 대부분 여행에서 모티프를 얻었다고 한다. 세계 3대 여행 작가 중 한 명인 노터봄은 소설 『유목민 호텔』에서 다음과 같이 쓰고 있다(≪매일경제≫, 2021.1.9).

여행을 통해 얻는 행복은 낯선 도시에서 만나는 우연한 풍경과

그림 12-2 **네덜란드 여행 작가, 노디봄**

여전히 눈은 내리고, 도시는 빛난다.

나는 이 도시를 옷가지처럼 걸칠 것이다.

수백 년 묵은 중얼거림과 함께.

이 도시는 나에게

그칠 줄 모르고 이야기한다.

자료: ≪매일경제≫(2021.1.9) 참고.

사람들에게서 얻는 활력이다. 좋은 도시는 좋은 추억을 남긴
다. 여행을 떠나는 것은 결국 새로운 도시브랜드를 만나기 위
함이다.

물론 도시는 여행뿐만 아니라 제품이나 서비스를 통해서도 만
난다. 오늘 마신 한 캔의 맥주에서도, 한 잔의 커피에서도 도시는
존재한다. 네덜란드 암스테르담의 슬로건 "I amsterdam"은 이
미 앞에서 다룬 바 있는데, 이번에는 하이네켄 맥주에 대한 이야
기다. 1883년 처음 맥주가 만들어진 이래로 암스테르담은 운하
와 하이네켄의 도시로 세계인의 뇌리에 각인되어 있다. 초록색

그림 12-3 **하이네켄과 암스테르담**

그림 12-3 **하이네켄과 암스테르담**

패키지 윗부분을 살펴보면 하이네켄 영문 로고 위에 빨간 별 하나, 그리고 그 위에 인쇄된 "Amsterdam 1883"이 원산지 도시가 암스테르담임을 확실하게 알리고 있다. 맥주를 좋아하는 애주가라면 한 번쯤 네덜란드 암스테르담에서 하이네켄을 마시는 꿈 꿔볼만하지 않을까?

　SK하이닉스의 광고에서는 반도체 회사의 광고답지 않게 기술을 설명하지 않고 아이디어로 반도체 도시 이천을 알렸다. '이천 특산품 편'에서는 반도체도 특산품이 될 수 있다는 재미있는 발상으로 주목받았다. 광고에서 한 초등학생이 SK하이닉스에 근무하는 아버지가 평소 "아빠가 만든 반도체가 세계적"이라고 하는 말을 듣고 이천의 특산품이 반도체라고 믿게 된다. 어느 날 학

그림 12-4 SK하이닉스 광고(이천시 특산품 편)

자료: TV CF 화면 캡처.

교 시험에서 "우리 고장 이천의 대표적인 특산품을 쓰시오"라는
문제가 출제되자 답으로 '반도체'를 적어낸다. 채점 결과 오답으
로 처리되자 집으로 돌아와 아버지에게 불만을 토로한다. 아버
지는 시청에 "반도체도 특산품이 될 수 있냐?"라며 문의해 부정
적인 답을 듣게 되자 전단지까지 뿌리며 '이천을 세계적인 반도
체 고장'으로 알린 결과 세계적인 특산품으로 인정받는다는 스토
리로 마무리된다(〈그림 12-4〉 참조). 도자기, 쌀, 복숭아 등이 기존
의 특산품이었다면, 이제 이천은 세계인에게 SK하이닉스의 고
장으로 인정받게 될 것이라는 광고적 상상력이 더해져 재미와 설
득력이 있는 광고였다. 이천이라는 도시브랜드는 이제 SK하이

그림 12-5 **코카콜라 아이코닉 시티 패키지**

닉스와 반도체의 도시로 더 잘 알려지고 있다

세계인들과 함께해 온 코카콜라는 주요 도시의 랜드마크를 담은 코카콜라 아이코닉 시티 패키지를 2017년 시즌 한정으로 출시했다. 코카콜라 아이코닉 시티 패키지는 서울, 뉴욕, 런던을 대표하는 광화문, 자유의 여신상, 빅 밴을 모티브로 디자인했다. 세계 주요 도시 세 곳의 독보적인 랜드마크가 간결하고 상징적인 이미지로 표현되었다(≪부산일보≫, 2017.8.23). 패키지는 각 랜드마크의 특징 살리며 코카콜라만의 개성을 담은 것이 특징이다. 코카콜라를 상징하는 빨간 바탕에 코카콜라 고유의 '컨투어 보틀' 실루엣과 코카콜라의 역동성과 긍정적 에너지를 담은 '다이내믹 리본' 디자인을 적용해 각 도시의 랜드마크를 표현했다. 서울 '광화문'의 궐문, 뉴욕 '자유의 여신상'의 왕관, 런던 '빅밴' 첨탑에 컨투어 보틀 실루엣을 넣었다. 패키지는 각 랜드마크의 특징을 살리며 코카콜라만의 개성을 담은 것이 특징이다.

"코카콜라는 단순한 패키지를 넘어 대중문화의 아이콘이 되고 있는 컨투어 보틀을 비롯해, 새해 초엔 짜릿한 행복을 바라는 패키지 등 혁신적이고 특별한 패키지로 소비자들과 짜릿한 순간을 함께하고자" 했다.

2021년 새해를 맞아 출시한 '코카-콜라 시티 패키지'는 국내 여섯 개 도시와 각 도시의 정수를 느낄 수 있는 골목에 주목해 감각적인 디자인을 구현했다. 서울, 양양, 제주, 부산, 광주, 경주의 상징적인 랜드마크와 각 도시의 '힙 플레이스'로 꼽히는 골목을 담았다. 남산타워와 을지로 골목(서울), 낙산사와 죽도 해변거리(양양), 돌하르방과 제주 동문시장(제주도), 광안대교와 해운대 포차거리(부산), 무등산과 1913 송정역시장(광주), 첨성대와 황리단길(경주) 등 코카콜라를 상징하는 레드 컬러를 배경으로 화이트와 그레이의 대비되는 컬러를 활용해 심플하게 표현했다. 패키지 중앙에는 코카콜라 슬로건인 '이 맛 이 느낌'과 함께 도시명을 삽입했다(≪대구신문≫, 2021.1.7).

그림 12-6 **코카-콜라 도시 패키지**

그렇다면 우리의 서울은 세계인에게 어떻게 기억되어야 할까? 이런 과제에 대해 서울시의 브랜드 담당자뿐만 아니라 우리 모두 같은 고민을 해야 한다. 도시의 정체성이 무엇인지를 잘 분석하고 이를 소통에 활용해야 한다. 이와 관련해 서울을 나타낼 수 있는 브랜드에는 무엇이 있는지도 살펴볼 필요가 있다. '동아비즈니스리뷰'에 실린 박정준(2019)의 글은 스타벅스와 기네스가 만든 시애틀과 더블린의 사례를 소개하면서 우리나라 도시브랜드에 대해 시사점을 제공하고 있다.

시애틀에 간다면 어떤 선물을 사갈까 고민될 때, 가장 좋은 선물은 스타벅스 1호점이 있는 시애틀 스타벅스 텀블러와 머그잔이다. 그러나 스타벅스의 서울 텀블러는 디자인은 예쁘지만, 그 텀블러를 보며 서울을 떠올리지는 못한다. 스타벅스 하면 시애

그림 12-7 **미국 시애틀의 스타벅스 1호점**

자료: https://stories.starbucks.com/stories

틀! 시애틀 하면 스타벅스가 떠오른다. 그 도시에서만 살 수 있는 '스타벅스 시티컵'이 눈길을 끌 것이다.

스타벅스가 시애틀에 주는 이점은 1만여 개의 일자리와 엄청난 세금이다. 유명 재래시장인 파이크 플레이스 마켓에 스타벅스 1호점이 있다. 매장 안에 커피공장을 갖춘 스타벅스 리저브 1호점은 시애틀에서 가장 인기 있는 관광지로, 작은 로컬 커피숍이 세계적인 커피체인으로 성장한 사례다. 반세기 만에 놀라운 스토리로 전 세계에 3만여 개를 늘어난 스타벅스 매장은 시애틀이라는 도시브랜드를 시시각각 홍보한다.

시애틀을 알리는 스타벅스와 같이, 아일랜드 수도 더블린에도 도시브랜드를 알리는 기업이 있다. 더블린의 필수 관광지로 국보 1호 『캘스의 서』가 보관된 트리니티 대학, 킬마이넘 감옥, '기네스 스토어 하우스'가 꼽힌다. 펍pub 문화로 유명한 더블린은 독특한 커피 향과 깊은 색, 부드러운 거품과 목 넘김이 일품인 흑맥주 원산지이다. 체험과 쇼핑을 겸한 복합 관광 공간을 제공하는 기네스 스토어 하우스는 대형 박물관이나 놀이동산이 연상되는 매표소가 있고, 입장하는 데만 24유로(약 3만 4000원)를 내야 한다. 7층 건물로 옥상 전망대에서 맥주를 시식할 수 있으며, 대형 매장에서는 기네스 로고가 박힌 초콜릿에서 골프용품까지 다양한 상품을 판매한다. 양조장에서는 제조 공정까지 배울 수 있다. 아일랜드는 잉글랜드의 지배를 받다가 1922년에 독립했다. 기네스 가문은 식민국인 잉글랜드에서 작위를 받은 가문이다. 그렇지만 기네스 맥주는 아일랜드 더블린의 대표 맥주로 자리 잡았다.

지역 특산품이라 하면 사과나 귤, 한우와 같은 1차 산업이 생각나지만, 향긋한 커피를 떠올리기는 쉽지 않다. 커피나무 하나 없는 시애틀과 스타벅스를 연결하는 것은 쉽지 않을 것이다. 더블린의 기네스도 마찬가지다. 도시 안에서 성장한 기업은 선순환으로 시너지 효과를 발휘한다. 스타벅스를 통해 시애틀이 커

그림 12-8 **기네스맥주**

흑맥주가 시그니처인 만큼 마케팅도 블랙 색상 활용

피 산업의 중심으로 도약한 것처럼 더블린의 기네스도 같은 역할을 했다. 10블록에 달하는 더블린 중심지 템플바스트리트Temple Bar Street에서는 밤새 흥겨운 음악과 전 세계인들이 함께하는 맥주 축제가 연중무휴로 펼쳐진다. 시애틀에는 독특한 매력을 자아내는 수많은 커피숍이 즐비하다. 더블린에는 펍의 본고장답게 다양한 색과 맛의 맥주가 기폭제로 작용해 도시와 산업 전체에 기여한다. 1인당 커피 소비량이 가장 높은 도시 시애틀의 대형 프랜차이즈는 예측 가능하고 안정적인 맛과 서비스, 분위기를 제공하며, 로컬 커피숍의 경우는 낭만과 설렘이 있다. 사람들이 커피와 맥주만 마시는 것이 아니므로 다른 산업(관광)도 덩달아 활기를 띠게 된다.

도시와 글로벌 시장의 시너지를 보여주는 스타벅스와 기네스의 사례는 시장을 크게 보는 관점이 중요함을 시사한다. 기존의 산업과 생태계를 독점해 파괴하지 않으면서, 시애틀과 더블린이 매력적인 도시라고 전 세계인에게 홍보하고 있다. 시애틀 하면 스타벅스, 더블린 하면 기네스가 떠오를 정도로 세계인에게 도시를 알리는 브랜드로서 브랜드가 도시를 대표하게 된 것이다.

코로나19 팬데믹으로 서울을 비롯한 전 세계 도시는 이전에 경험하지 못한 새로운 시대, 즉 뉴노멀의 포스트팬데믹 시대를 맞게 되었다. 세계의 도시들은 처음부터 있었던 것도 아니고 영원할 수도 없다. 시대의 변화에 따라 도시는 바뀌고 효율과 혁신을 추구하는 생산 기지로 변화해 왔다. 도시의 매력은 교육·교통·문화·상권·의료 등 다양하지만, 일자리 제공은 가장 커다란 이유다. 사람들이 몰리면서 도시에는 다양한 문제가 생겨났다. 부동산값 상승에 따라 원래 살던 사람과 장사하던 상인이 쫓겨나는 젠트리피케이션 현상이 나타났고, 청년들이 도시에 살기 어려워 외국으로 내몰렸다. 대기오염과 쓰레기 등 환경문제도 심각하다.

포스트 코로나 시대에 도시의 조건은 무엇보다 도시의 건강성이다. 『코로나 0년 초회복의 시작』에서 박숙현(2020)은 생산하는 대도시를 넘어 상생과 회복이 도시를 주장했다. 노시는 약해진 조건이 원래 자리로 돌아가는 회복이 아니라 기능을 유지·강화하면서 새로운 모습으로 경로를 선택하는 초회복을 선택할 것이라고 했다. 과거 생산하는 도시, 즉 회색도시에서 건강한 도시로 새로이 방향을 설정하고, 13세기 페스트와 콜레라 이후 도시위생 개념이 생긴 것처럼 촘촘한 방역망과 보건 인력을 확충해야한다는 것이다. 아울러 생물학적 건강뿐만 아니라 공동체도 회복해야 한다고 지적하면서 사회구조적 건강성을 다음과 같은 방법으로 구축해야 한다고 보았다. 여기서 초회복 도시의 네 가지조건을 살펴보자.

다양성 회복

도시의 초회복을 위해서 다양성은 획일화된 도시 계획이나 특성 산업의 육성과는 반대된다. 도시 기능을 유지하면서도 개인이접근 가능한 인프라를 높임으로써 환경과의 공존을 꾀해야 한다.

사회자본과 혁신

일자리 문제는 사회자본과 혁신으로 가능하다. 네트워크를 중심으로 하는 사회자본은 협력과 혁신을 토대로 가능하다. 도시가 공론의 장과 교류의 기회를 제공해야 한다. 사람과 사람을 이어주는 공동체 경험을 늘려야 한다.

생태계 서비스와 지역화

도시의 답답한 거주 공간 문제를 해결하기 위한 도시 환경의 개선은 환경의 질과 삶의 질을 결정한다. 복잡하고 다양한 거대 도시의 문제를 해결하기 위해 네트워크의 지역화가 요구된다.

사회 기능의 90% 이상을 수행하는 도시가 중요하긴 하지만, 코로나19 팬데믹을 겪으며 우리는 식량을 책임지는 농촌의 역할에도 주목해야 한다. 비대해진 도시 문제를 해결하는 과정에서 지역의 역할에 기대를 걸어야 한다.

1964년 영국 BBC 프로그램에서 아서 클라크Arthur Clarke는 2000년대에는 세계 어디서나 소통이 가능한 시대가 되어 출퇴근 commute이 아닌 소통communication을 하게 됨으로써 사람들이 더는 도시에 머물 필요가 없다고 했다. 코로나 19는 그의 예언을 가능하게 했다. 도시에 모이지 않아도 된다면 광화문 광장이나 강남역은 사람으로 붐빌 필요가 없다. 각자의 공간에서 지역 공동

그림 12-9 **호모 어바누스**

자료: EBS 지식채널, 〈호모 어바누스〉(2019.1.14) 캡처.

체, 취미 공동체를 이루며 살면 된다. 아서 클라크가 주장한 것처럼 도시는 비대면의 시대에 소통, 즉 '커뮤니케이션의 문제를 어떻게 해결할 것인가?'라는 과제를 해결하는 데 초점을 맞춰야 한다. 도시의 오래된 미래가 현실로 다가오고 있다. 소통하는 브랜드로서 도시에 좀 더 많은 관심과 노력이 필요하다.

우리가 사는 도시에는 어떤 브랜드가 있는가? 그리고 그 브랜드는 도시, 시민과 어떻게 소통하고 있는가? 나아가 도시를 만드는 브랜드, 브랜드를 만드는 도시에 대해서 우리는 어떤 준비를 해야 하는가?

현재 세계의 도시 인구는 40억 명을 넘어, 전 인류의 절반 이상이 도시에 거주하고 있다. 인류가 도시에 의존하며 살아가고 있다. 이른바 '호모 어바누스Homo Urbanus'로 도시 인류의 삶을 살고 있다. 인류의 역사는 대체로 도시를 중심으로 기억되고 서술되어 왔다. 사람과 사람이 만나고 교류하면서 도시는 역동성과 창의성을 키워온 것이다. 인류의 문명은 도시에 의해 결정되어 오늘에 이르렀다. 도시를 다시 보고, 도시의 미래를 어떻게 만들어 갈 것인가에 대해 시민들이 대답할 때이다. 나는 어떤 도시에서 어떻게 살 것인가를 함께 고민해 봐야 할 시간이다.

과연 좋은 도시란 무엇인가?

"좋은 도시란
한 소년이 그 거리를 걸으면서
장차 커서 자신이 무엇을 하고 싶은지
일깨워 줄 수 있는 장소다."

미국 건축가 루이스 칸(Louis Kahn)

1. 도시브랜드를 만드는 브랜드란 무엇인가?

2. 스타벅스와 시애틀의 사례를 살펴보자.

3. 기네스와 더블린의 사례를 살펴보자.

4. 서울시와 이천시의 경우는 어떠한가?

5. 우리 도시의 브랜드를 만드는 브랜드는 무엇이 있는가?

독일 베를린

Berlin — be Berlin

- EU 회원국 중 가장 인구가 많은 독일연방공화국의 수도이다.

- 인구는 365만 명으로, 브란덴부르크주에 둘러쌓여 있다.

- 제2차 세계대전 이후 동서로 나뉘었던 베를린은 1990년 통일 독일의 수도가
  되었다.

● **배경**: 독일의 수도 베를린은 우리나라와 같이 분단의 아픔을 경험한 도시이
  다. 베를린 장벽의 붕괴는 냉전의 종식을 상징했고, 이후 눈부신 경제적 발
  전을 이룩했지만, 세계인들은 베를린을 여전히 어둡고 부정적인 도시로 인
  식하고 있었다.

● **솔루션:** 이 문제를 해결하고자 베를린 상원은 2008년, 'be Berlin' 캠페인을 진행했다. 슬로건 "be Berlin"은 냉전 시기 미국의 케네디 전 대통령의 연설문 「나는 베를린 사람이다(Ich bin ein Berliner)」에서 착안한 것이다. 'be Berlin' 캠페인은 베를린 시민들의 적극적인 참여를 유도했다. 시민들에게 스스로가 생각하는 베를린을 'be OOO, be OOO, be Berlin'이라는 형식으로 표현하도록 했다. 세부 캠페인 'City of Opportunities'를 진행하면서, 빨간색 말풍선 디자인의 조형물을 만들었다. 해당 디자인은 도시 곳곳에 있는 상점과 지하철 또는 행사 등에 사용되었으며, 관광 안내원들의 유니폼에 부착해 관광객에게 노출되었다. 현재까지도 슬로건 "be Berlin"과 관련 캠페인이 지속되고 있다. 최근 진행된 'Freiheit(Freedom) Berlin'은 자유와 관용을 기반으로 투쟁해 온 베를린의 장소적 특성이 반영된 캠페인으로, 모든 사람들이 자유의 메시지를 그림이나 이야기, 비디오 등의 형태로 표현한다

● **성과:** 베를린의 be Berlin은 단순하고도 강렬한 시각적 이미지를 통해 깊은 인상을 남기며, 오랜 기간 지속되어 온 be Berlin이라는 틀 안에서 다양한 세부 프로그램을 운영해 캠페인의 확장성을 높였다. 또한 해당 캠페인을 시의회에서 단독으로 운영하지 않고, 기업의 참여를 독려해 재정과 효율성, 의의 등을 더했다. 캠페인 진행 과정에서 시민과 관광객 등의 참여가 가능했다는 시사점이 있다.

자료: 서울시 도시브랜드 자료실(https://url.kr/zxsdc8)(검색일: 2022.2.28).

참고문헌

강연임. 2013. 「도시브랜드 슬로건의 언어표현 양상과 화용적 의미기능 연구」. ≪어문연구≫, 78, 5~35쪽.

강준만. 2017. 『넛지사용법』. 인물과사상사.

갤럽. 2019.5.25. "한국인이 좋아하는 40가지(국내도시)". 갤럽리포트.

구혜란. 2015. 「공공성은 위험을 낮추는가? OECD 국가를 중심으로」. ≪Korea Social Policy Review≫, 22(1), 19~47쪽.

국토교통부. 2021.6.30. "20년 도시계획현황 통계 발표". 보도자료.

국토교통부 한국국토정보공사. 2022. 2021년 도시계획현황 통계.

권병일·권서림. 2020. 『디지털 트렌드 2021』. 책의정원.

김륜희·윤정란. 2017. 「도시재생과 사회적경제의 지속가능성에 관한 연구: 지역자산화를 중심으로」. 토지주택연구원 보고서.

김민섭. 2020.9.5. "나는 시민이다". ≪경향신문≫.

김세훈. 2017. 『도시에서 도시를 짓다』. 한숲.

김소은·이양숙. 2013. 「국내 도시브랜드 관련 연구의 경향과 특성」. ≪서울도시연구≫, 14(1), 237~252쪽.

김유경. 2020. "신글로벌 시대, 도시의 미래". 제5회 서울브랜드글로벌포럼.

_____. 2007. 「국가 브랜드 개성의 차원에 관한 연구」. ≪광고연구≫, 75,

89~119쪽.

김유경 외. 2015. 「서울브랜드 확산전략 방향 수립 연구」. 서울특별시 보고서.

김재민·이형석. 2019. 「구장 명칭권 스폰서 브랜드 개성과 도시브랜드 개성의 일치효과: 프로축구 구 K리그 시·도민 구단을 중심으로」. ≪광고학 연구≫, 30(6), 65~92쪽.

김정구·안용현. 2000. 「브랜드 개성의 FCB모델에 따른 역할에 관한 연구」. ≪광 고학연구≫, 11(4), 65~85쪽.

김정현·유은아. 2021. 『브랜드 어바니즘』. 커뮤니케이션북스.

김종민·김병철·유영심. 2011. 「지역 이름짓기 그리고 브랜드 효과」. ≪강원발 전연구원 정책메모≫, 109.

김진애. 2019. 『김진애의 도시 이야기』. 다산초당.

김향미. 2015.10.28. "'나와 너 공존하는 서울' 서울시 새 브랜드 선정", ≪경향 신문≫.

마강래. 2017. 『지방도시살생부』. 개마고원.

마스다 히로야(增田寬也). 2015. 『지방소멸』. 김정환 옮김. 와이즈베리.

문빛·이유나. 2010. 「브랜드 개성을 통한 도시브랜드 자산 구축에 대한 탐색적 연구」. ≪한국광고홍보학보≫, 12(2), 182~213쪽.

박대아. 2017. 「도시브랜드 슬로건의 변화 경향과 요건」. ≪한국학연구≫, 63, 101~128쪽.

박상훈·장동련. 2010. 『홍대 앞에서 런던까지 장소의 재탄생』. 디자인하우스.

박소영. 2017. 「도시브랜드에서 브랜드 개성 및 자아 일치성이 도시 태도에 미치 는 영향」. ≪관광경영학회≫, 77, 27~45쪽.

보리스, 프리드리히 폰·벤야민 카스텐. 2020. 『도시의 미래』. 이덕임 옮김. 와

이즈맵.

박정준. 2019. 「스타벅스와 기네스가 만든 도시브랜드」. ≪DBR≫, 11월 호.

서순탁. 2020.2.5. 도시의 미래, 번영일까, 불행일까. ≪동아일보≫.

원제무. 2016. 『국가·도시브랜드 마케팅』. 피엔씨미디어.

유현준. 2016. 『도시는 무엇으로 사는가: 도시를 보는 열다섯 가지 인문적 시선』. 을유문화사.

_____. 2020. 『공간이 만든 공간』. 을유문화사.

윤일성. 2018. 『도시는 정치다: 도시정치, 도시재생, 도시문화 읽기』. 산지니.

윤태환·김영표. 2010. 「Hi Seoul과 Dynamic Busan의 도시브랜드 개성의 비교」. ≪관광레저연구≫, 22(1), 327~341쪽.

이미경·오익근. 2007. 「도시브랜드 슬로건의 인지도 조사와 이미지 평가에 따른 목적 브랜딩」. ≪한국관광학회 학술대회 발표논문집≫.

이봉화. 2011. 「관악구 재활용품 수거 어르신들의 생활실태와 개선 방안」. ≪월간 복지동향≫, 148, 38~45쪽.

이삼수·정광진. 2020. 『축소도시』. 커뮤니케이션북스.

이원재·최영준 외. 2020. 『코로나 0년 초회복의 시작』. 어크로스.

이정훈·한현숙·좌승희. 2007. 「도시브랜드 정체성 개발 방법론 연구」. 경기개발연구원.

이화자·김건. 2015. 「일본 지방자치단체 캐릭터의 프로모션 연구」. ≪디지털콘텐츠학회논문지≫, 16(5), 849~869쪽.

이희복. 2012. 「도시브랜드 슬로건의 브랜드 개성: 우리나라 7대 도시 분석을 중심으로」. ≪광고연구≫, 93, 5~28쪽.

_____. 2017. 『도시브랜드 슬로건 전략』. 한경사.

이희복·신명희. 2015. 「주요 도시브랜드 슬로건의 개성요인 분석: 서울과 광역시도 비교를 중심으로」. ≪광고학연구≫, 26(2), 289~315쪽.

이희복·주근희. 2013. 「한국과 미국의 도시브랜드 슬로건 비교」. ≪GRI연구논총≫, 15(2), 29~53쪽.

이희복·최지윤. 2021. 「우리나라 도시브랜드 슬로건의 개성 비교: 광역시와 도를 중심으로」. ≪광고연구≫, 128, 69~96쪽.

임성은·임승빈·최창수. 2014. 「대한민국 도시의 세계화 순위」. ≪월간조선≫, 4월 호.

임혜빈. 2020. 「신글로벌 시대, 도시브랜드의 이미지 평가에 대한 탐색적 연구」. 제5회 서울브랜드글로벌포럼.

전대욱. 2017. 「저출산, 고령화에 따른 지역발전의 영향과 향후 대책: 일본 로컬 아베노믹스와 지방창생전략의 시사점」. ≪지방행정연구≫, 31(1), 63~84쪽.

전종우. 2020. 「코로나19와 서울시 도시브랜드」. 제5회 서울브랜드글로벌포럼.

전종우·권혁준. 2012. 「테마파크의 소비자 평가 모델과 모기업 브랜드 및 도시브랜드와의 관계: 에버랜드와 삼성, 용인시를 중심으로」. ≪광고학연구≫, 23(5), 277~293쪽.

전종우·김지은·천용석. 2013. 「비주얼 아이덴티티와 슬로건이 도시브랜드 자산에 미치는 영향: 소비자 인지와 개성, 원산지 제품을 중심으로」. ≪광고학연구≫, 24(5), 7~28쪽.

정강옥. 2012. 「영어 브랜드명 제시성과 영어 슬로건 복잡성이 브랜드 태도에 미치는 영향」. ≪마케팅논집≫, 20(4), 69~93쪽.

차유철·김병희·이희복. 2010. 『생각창고 광고로 배우는 창의학습』. 대교출판.

최경철. 2016. 『유럽의 시간을 걷다』. 웨일북.

최명식·홍사흠. 2016. 「지역기반 부동산개발 플랫폼 구축을 통한 젠트리피케이션 대응 방안」. 국토연구원 보고서.

최예술. 2022. 「인구감소지역의 인구변화 실태와 유출인구 특성 분석」. 국토연구원.

최일도·박한나. 2008. 「PR 캠페인을 통해 대학생 계층이 인식하는 도시브랜드 개성 유형과 태도의 관계에 대한 연구: 서울과 부산 지역 대학생을 대상으로」. ≪광고학연구≫, 19(6), 237~254쪽.

한국고용정보원. 2016. 「한국이 지방소멸에 관한 7가지 분석」.

_____. 2023. 「지역산업과 고용」. 봄호.

한국시민뉴스. 2017.12.28. "시흥시, 시민자산화 시범사업 협약 체결".

한국지방행정연구원. 2020. 「정책이슈리포트. 세종시 도시브랜드 제고방안」.

한성일. 2011. 「국가브랜드 가치 제고를 위한 사회언어학적 접근: 지역브랜드 슬로건과 스토리를 중심으로」. ≪한말연구≫, 28, 353~376쪽.

_____. 2017. 「도시브랜드 슬로건에 대한 연구: 표현방식과 내용을 중심으로」. ≪사회언어학≫, 20(1), 317~343쪽.

한은경 외. 2020. 『브랜드 평판 혁신설계』. 나남.

행정안전부. 2021.10.18. "인구감소지역 89곳 지정, 지방 살리기 본격 나선다". 보도자료.

황인석·정은주. 2013. 「도시 슬로건 태도에 관한 고찰: 도시 슬로건 적합도 및 도시에 대한 긍정적인 연상 정도의 영향」. ≪서울도시연구≫, 14, 175~190.

≪대구일보≫. 2021.1.7. "도시별 힙플레이스 코카콜라에 담았어요".

≪매일경제≫. 2021.1.9. "허연의 책과 지성, 여행은 그 도시를 옷처럼 걸치
　　　는 일".

≪부산일보≫. 2017.8.23. "코카콜라 세계도시 담은 아이코닉 시티 패키지
　　　출시".

≪위크투데이≫. 2022.2.24. "삼성 브랜드가치 129조원, 세계 6위. 중 화웨이는
　　　9위".

≪인천일보≫. 2018.7.12. "문화재생, 시민의 삶을 디자인하다. 원도심 재생,
　　　균형발전 해법될까".

≪중앙일보≫. 2010.11.14. "지방소멸 공포, 수도권까지 덮쳤나".

≪중앙일보≫. 2019.12.20. "세계에서 가장 아름다운 도시 TOP 50, 한국 서
　　　울은?".

Anholt, S. 2020. 신글로벌 시대, 도시브랜드의 화두와 역할 변화. 글로벌 연사
　　　발표문. 제5회 서울브랜드글로벌포럼.

NBRC. 2014. "한국지방브랜드 경쟁력지수".

Aaker, J. L. 1997. Dimensions of Brand Personality. *Journal of Marketing
　　　Research*, 34(3), pp.347~356.

Caldwell, N. and Freire, J. 2004. "The differences between branding a
　　　country, a region, a city, Applying the brand box model." *The journal
　　　of brand management*, 12(1), pp.50~61.

Curtis, J. 2001. "Branding a State: the evolution of Brand Oregon." *Journal of Vacation Marketing*, 7(1), pp.75~81.

Dinnie, Keith. 2013. *City Branding: Theory and Cases*. Palgrave Macmillan.

Gilmore, F. 2002. "A country – can it be repositioned? Spain – the success story of country branding." *Journal of Brand Management*, 9(4/5), pp.281~293.

Glaeser, Edward. 2011. Triumph of the City: How Urban Spaces Make Us Human. Macmillan.

Grizzanti et al. 2016. *Brand Identikit: Trasformare Un Marchio in Una Marca*. Lupetti.

Hall, D. 1999. "Destination branding, niche marketing and national image projection in Central and Eastern Europe." *Journal of Vacation Marketing. 5*(3), pp.227~237.

Hosany, S., Y. Ekinci and M. Uysal. 2006. "Destination image and destination personality: An application of branding theories to tourism places." *Journal of Business Research,* 59(5), pp.638~642.

Kavaratzis, M. 2004. "From City Marketing to the Branding: Towards a Theoretical framework for developing city brands." *Place Branding, 1*(1), pp.58~73.

Kavaratzis, M. and Ashworth, G. J. 2006. "City Branding: An effective assertion of identity or a transitory marketing trick?" *Place Branding,* 2(3), pp.138~194.

Keller, K. L. 2007. *Strategic Brand Management: Building Measuring, and Managing brand equity.* Upper Saddle River, NJ: Prentice Hall.

Keller, Kevin Lane et al. 2007. *La Gestione Del Brand: Strategie E Sviluppo*. Milano: EGEA.

Larson, D. 2002. "Building a brand's personality from the customer up." *Direct Marketing*, 65(6), p.17.

Martina Cavalieri. 2021. 'City branding: When the city becomes a product to be sold A brief reflection on the brand and territorial positioning." https://uxdesign.cc/city-branding-when-the-city-becomes-a-product-to-be-sold-9def9be2ebe1(검색일: 2022.1.14).

Morgan, N., A. Pritchard and R. Pride. 2004. *Destination Branding: Creating the unique destination proposition*. 2ed. Oxford: Butterworth-Heinemann.

Plummer, J. T. 1985. "How personality make a difference." *Journal of Advertising Research*, 24(6), pp.27~31.

Severino, Fabio. 2011. *Economia e marketing per la cultura*. Milano: Franco Angeli.

찾아보기

지은이

이희복

 상지대학교 미디어영상광고학과 교수이다.

한국외국어대학교에서 신문방송학 학사, 동 대학원에서 광고홍보 석사, 경희대학교에서 언론학 박사(광고PR 전공) 학위를 취득했으며, MBC애드컴과 오리콤, FCB코리아에서 카피라이터로 캠페인을 기획하고 제작했다. 경주대학교 교수, 한국광고PR실학회 회장·편집위원장, 한국광고홍보학회 편집이사, 캘리포니아 주립대학교(풀러턴) 방문교수, KT스카이라이프 시청자위원, 제약바이오협회·국민체육진흥공단 심의위원을 역임했으며, 현재 한국공공브랜드진흥원 사무총장, 한국광고학회 이사, 건강기능식품협회·한국광고자율심의기구·KOICA 심의위원, 조달청 기술평가위원, 공익광고협의회 위원, 대한적십자사 자문교수, 보건복지부 혈액관리위원, 원주시·강원도 옥외광고심의위원, 서초구청 소식지 편집위원으로 있다.

이메일: boccaccio@daum.net

한울아카데미 2481

도시브랜드 커뮤니케이션

ⓒ 이희복, 2023

지은이 ǀ 이희복
펴낸이 ǀ 김종수
펴낸곳 ǀ 한울엠플러스(주)
편집책임 ǀ 최진희

초판 1쇄 인쇄 ǀ 2023년 10월 27일
초판 1쇄 발행 ǀ 2023년 11월 15일

주소 ǀ 10881 경기도 파주시 광인사길 153 한울시소빌딩 3층
전화 ǀ 031-955-0655
팩스 ǀ 031-955-0656
홈페이지 ǀ www.hanulmplus.kr
등록 ǀ 제406-2015-000143호

Printed in Korea.
ISBN 978-89-460-7482-8 93320

* 책값은 겉표지에 표시되어 있습니다.

이 저서는 2020년 대한민국 교육부와 한국연구재단의 지원을 받아 수행된 연구임
(NRF-2020S1A6A4040808).